U0899101

——我的爷爷王首道

王乃馨 著

中国出版集团 東方出版中心

目　录

序一　忘却与重温

许嘉璐

人为什么活着？应该怎样活着？人是怎样从呱呱坠地开始度过一生的？从个人放大到更大范围来看，人类是怎样从原始人走到今天能够上天入地、遥知以光年计的远方模样的？急急赶路的人不会注意路边小草发芽的状态，不会记住自己已走的步数；一个民族在忙忙行进时，也容易忽略了回头看一看前人曾经走过的路。如果个人和人类只顾迈步，只注意脚下那几尺土地，就不知道人类是怎样跋涉走到今天的，就不知道自己领受了前人、他人和周边怎样的恩惠，也就不会了解自己是谁，在下一段路程中怎样跨过沟壑、排除荆棘。

我也几乎成了一个停不下匆匆脚步的人了，无暇环顾、回首、品味。

九月下旬，天气还热，一天，忽然接到未曾谋面的王首道同志女儿王维滨、女婿戴玉顺同志给我寄来的《王首道文集》、《王首道回忆录》和孙女王乃馨的书稿《道弈人生——我的爷爷王首道》，让我有了一个再一次重温创建共和国的前辈的精神与启示，反思人生与世界、自己与历史的机会。

我没有见过王首道同志。在我心目中，他始终是一位革命前辈，是战功赫赫、建国后业绩累累的开国元勋。他的事迹，过去我只是从报刊上知道些零星片断。在他戎马半生无数历险、艰难的事迹中，给我印象和教育最深的，是1944年与王震同志一起率领八路军南下支队挺进中原，在没有后方的情况下，纵横穿插，转战两万里的远征之旅。当年在高中和大学里学的革命史没有提到这件事，后来初知，即感到震惊、敬佩，在我看来，这不啻为第二次长征。当时日本侵略者大举南下，先后侵占了湖南、福建、广西的重要城市，似乎势不可挡。这时八路军挥师南下，牵制敌人，配合正面战场、壮大革命力量、播下革命种子，生动地体现了毛泽东主席和中共中央的胆略和智慧，体现了王震、王首道和他们所率领的队伍不怕牺牲、百折不挠、足智多谋的精神和品质——这也正是人民军队无往而不胜的原因，是中华民族从远古走来磨砺成的性格。

断断续续读了王维滨等同志送来的书、稿，才对王首道同志有了较全面而深刻的认识。灯下披读，时而春风袭来，顿觉清凉，时而如暑气加温，汗流"加倍"。

原来在战场上叱咤风云、在政坛上敏锐果断的王首道，也和一般人一样，多情多义、热爱生活、爱好多样。这些充满于他对人民、战士的关心，对慈祥而无我的老母的怀念、对默默奉献的老战友的回忆、对儿女的疼爱与教育之中。他在我心里已经是一位立体、有血有肉，可以让人回味无尽的长者了。

王乃馨的书名起得好："道"、"弈"、"人生"，每个字词都值得琢磨。何为"道"？如果用哲学语言说可就复杂了，在王首道同志看来则很简单：为人应有之道，或者再简单些：良心！为了人民、国家！所以"首道"即"守道"，坚守道义，又表示把做人放在"首"位。何谓"弈"？现在流行于商界的意思是竞争，是拼搏，而用于王首道同志其人其时，又有什么含义？他说"人生如下棋"，那么，他博弈的对象是什么？噢，是家乡的土豪劣绅，进而是土豪劣绅背后的军阀势力和支撑着腐朽大厦的三座大山；他用无疆大爱对弈一己之私，用高尚对弈猥鄙，用纯净对弈肮脏，用坦荡对弈鬼蜮。这才是伟大的人生。

乃馨用了“大爱无言”形容爷爷。是的，古人说应该“为天地立心，为生民立命”，天养育了万物，岂有一语？因而自古人类一直敬畏它；智者、仁者、勇者也是如此，所以后辈记住了他们，叙述着他们，重温着他们。在他们面前，我们应该反躬自问：自己给他人、给民族做了多少？想从社会索取多少？今后的路应该怎样走？终点在哪旦？但愿我们时时想到前辈，而且不致汗颜。

“时代不一样了！”是的，世界在变，中国在变，我们自己也在变，一切都在时时演变；但是有一点是永远不会变的，那就是正义，是懂得大我和小我，是真诚，是要对得起父母家人、对得起社会国家！这些，可能有时会褪色，甚至好像被隐没了，但是它不会终止，不会从中国人的血液里消失。实际上，它一直在燃烧，只不过有时被某种烟雾遮住了些。看，年轻的乃馨不是写出了爷爷的一生吗？她的同龄人，不是当自然灾害突然来临或国家遭到不公时，都像首道前辈那样奋起了吗？这就是没有忘却，是在重温，是在沿着祖宗和前辈的足迹向前！孙女写爷爷，这本身就是一种象征：历史在延续，没有褪色。由此，我们有理由对中国的未来充满信心！

王维滨、戴玉顺同志希望我在书前写几句话，不知不觉却写了不少，序不像序，读后感不像读后感。我要再次感谢他们一家，给了我一抒心里话的机会。

2010 年 10 月 31 日

序二　不学历史我们永远幼稚

毛新宇

在2010年这个特别的秋季，伴着窗外簌簌的金风，我从头至尾通读着这部洋洋洒洒十几万言的《道弈人生》，仿佛循着前辈们坚实的脚步而再次走过大革命、长征、抗日战争、解放战争及建国等不同时期的历史烟尘与战事烽火……当然也在反复品读着作者王乃馨——这位小我十岁的同辈"小妹妹"用真挚的情感和潜心的思考所写就的每一段"乃馨寄语"。

《不学历史我们永远幼稚》是我上大学不久后的1990年，在西安参加一个全国青年史学会议后所写的一篇文章，发表在当年度的《求是》杂志上。这个题目可以说浓缩着我对历史、对当代人看待历史的一个基本价值观，在我当年走进中国人民大学历史系的时候，脑海中始终回荡着一个声音："我们该用什么样的态度来学习历史、看待历史、借鉴历史?"

正如本书作者的母亲维滨阿姨在《感触"百年对白"》中所提到的那样：这部书与其说是在记述主人公的经历，不如说是对那一代人的讴歌。可以说，同样的感觉也始终贯穿在我研究爷爷毛泽东军事思想的全过程中。时势造英雄，特定的年代涌现出了太多可歌可泣的人物和事件。作者的思路和文笔都是客观的，以至于几乎每一个细节都蕴涵着当时大背景下特有的"味道"。

作为爷爷的学生，主人公首道爷爷是毛泽东思想忠实的执行者，从广州农讲所开始，他毕生的信念便由此"定格"，更在后来多次的挫折与打击中坚定不移地恪守着当年的初衷，这些共产党人的优秀品格，在半个多世纪之后读来仍是那么熠熠生辉。然而正是这种“刚性”的光芒，才让我们这些后人在时空的无穷变幻中得以吸收并传承着……

史笔无情亦有情，作为老一辈革命家的第三代，我、王乃馨和很多革命者的后代一样，在先辈的伟大思想影响和平凡朴实的生活环境中慢慢长大，也逐渐学会用自己的眼睛看待世界。同时通过对历史的学习与求证，也让我们拥有了自己的认识。迟早有一天，我们的认知和作为也会成为后人研究的历史，因此留给后辈一些客观、真实并具有积极“导读”意义的著作也成为我们的当务之急。

《道弈人生》一书非常值得一看，相信读者朋友们也会从阅读中得到更深刻的理解和思想升华。朋友们，让我们通过学习历史脱却幼稚，逐步走向成熟，用成熟、向上的心态去扮美新中国更美好的明天！

序三　感触“百年对白”

王维滨

时光悄然流逝，岁月斗转星移。

转瞬间父亲离开我们已是十几个春秋，但记忆中父亲的影子从不曾变淡，而是伴着流光的叠加益形清晰。

女儿一天天长大，渐渐从一个牙牙学语的小婴变成一个缠着爷爷下棋、讲故事的小姑娘，再到一个学会思考、偶尔有点感伤的少女，直至拿起笔，用心灵去和爷爷进行“百年对话”的笔耕者。

想想父亲，看看女儿，在祖孙两代所特有的生命搏动中，我“承上启下”着，书写着我的人生答卷。

曾几何时，我问父亲、问自己，也问女儿：“生命的意义到底是什么？”

父亲从不曾慷慨陈词，只是用他的阅历与言行来回答，他所理解的生命的意义是为让更多的人活得更有“意义”。

我追寻着、品味着、认同着父亲的理解。

女儿的回答是无言的，她想让更多的人通过阅读去理解爷爷的“回答”！

透过女儿笔下的字里行间，我深深感触着隔代人的心灵对白，在这里，穿越了百年时空的是非观与价值观在逐步“放大”，国运民生与一己之私之间的平衡点也在游离着……在前人为了国家民族命运而毫不犹豫地选择无私付出的时候，身处和平年代的后人该为国家、为民族做些什么？也许，这才是女儿著书的立意。

是的，老一辈千千万万革命者带着对后人的影响与关爱走了，但，他们的精神永在！从这一意义上讲，与其说这本书仅仅是在写王首道，不如说是在书写那一代人的奋斗与拼搏！

江山依旧，浴血打下江山的人不该被忘记。《永不失落的珍藏》一章共记载了11位父亲的师友，而他们背后所珍藏的无疑是为了共和国的江山浴血奋战的所有人。

因此，我建议女儿，谨将此书献给所有为建立、建设共和国付出生命和努力的人们，以此，让我们共同缅怀前人、启迪当代、泽及后人！

再次感谢所有关心、关注并倾力支持的朋友们。

序四　自　序

深谙棋道者莫不慨叹人生如棋。很多年来，每当遇到一些特定事件举棋不定的时候，脑海中总会出现小时候和爷爷对弈的情形。

爷爷的目光总是那么从容平和，胜了，欣然一笑；败了，坦然一笑。那种得而不喜、失而不悲的淡定，让人深深体会到人生确然如棋，棋艺是一种境界，更是一种超然棋外的品格。因此与其说爷爷是用棋技来下棋，不如说他老人家的一生是用品格来对弈！爷爷的一生中，几乎每一个生命片断都折射着一种璀璨的人性光芒，睿智、坦诚、勇敢、无私、宽容、温和、担当……

爷爷离开的这些年中，每当想起爷爷说过的话、做过的事，心头总会涌动着四个字——道弈人生……时至今日，身为他的孙女，我无法不拿起笔，为爷爷写些什么。我的妈妈王维滨是爷爷的女儿，我从小在北京长大。遵循老北京传统，从小在外祖家长大的孩子，就称呼外祖父母为爷爷、奶奶。就在北京海淀区的那所大院里，棋桌前、庭院中、大树下，我稚嫩的童声喊着"爷爷"、"奶奶"、"爸爸"、"妈妈"……一路走过了我的童年、青少年。

年复一年，我慢慢长大，也慢慢懂得了爷爷的爱是一种遍及世人的"大爱"！从当年为创建新中国浴血打天下，到建国后的多项举措，再到多方奔走呼吁而终将外国蔬菜品种提前十几年摆到寻常百姓的餐桌上……点点滴滴，莫不诠释着一个老共产党员的"大爱之心"。对爷爷而言，做过即做过了，从不渲染这些过程。在他看来，一切都是应该的，是"本分"。从爷爷的身上，我真真切切地看到了"大爱无言"！

等到拿起笔来开始书写，心头却有种沉甸甸的负重感。爷爷生前是个极为低调的人，做过的事从不在晚辈面前夸夸其谈，反而常常在别人的口中听到爷爷的故事。爷爷一生做过很多事，但辉煌的一面却被他用沉默忽略掉了。纵观爷爷一生，有着太多可圈可点的故事值得后人宣讲，伟大也好、平凡也罢，一桩桩、一件件，无不蕴藏着一份真实的感动。于是，我从爷爷的童年开始，用我未脱稚拙的笔来漫述、浅释爷爷“以道执弈”的别样人生。

童年若烟，浏阳河畔，王首道从出生到就读“初小”、“高小”，再到报考“修业农业专科学校”，就像当年和着泪水嚼过的药草味道，在苦咸交替却能疗伤止血的生命年轮叠加中，一路走过了艰难的童年。

一、浏阳河畔

1912年，湖南浏阳张坊上洪乡，秋日的清晨，一个小山村里走出母子二人。

6岁的王首道此时还叫王芳林，母亲拉着孩子的小手来到山坡下，轻轻说着：“芳林，我们上山。和妈妈一样，把背篓背好，抓紧藤条。村里这么多人伤风，爹爹也有十多天了，不治好干活就没力气。这次我们除采茶外还要多采些草药，用不完的分给邻人些。”

“妈妈心好，我晓得。”清脆的童声伴着山间的零星鸟鸣。

母亲从背篓中拿出一个拐杖形的松树杈，用力钩住树根和垂下的藤蔓开始爬坡，不时叮嘱身后的孩子一定要小心。

“这种叫甘草，听郎中说治伤风最有用。芳林记着，公公在世时说过，不为良相则为良医。我芳林自小聪明，三个哥哥都比不上。如不是家穷，爹爹妈妈怎么也要供儿念书。”母亲把采到的茶和药分别装在大小两个背篓中，和孩子轻轻说着话。

已是近午，母子两人终于背起沉甸甸的背篓开始下山。俗话说上山容易下山难，母亲裹过的小脚有些踉跄不稳，几乎一路滚下山来。快到山腰时，脚下的泥土突然一阵松动，母亲控制不住，踉跄一下，直栽下去。孩子见状急忙伸手，只抓住了母亲身后的背篓，终归身单力薄，母子二人一齐滚下山坡。

“都怪妈妈脚小，每次下山都跌跌撞撞站不稳，让我芳林吃苦了。”终于在一棵大树前停住，母亲挣扎着坐起来，挪动几步，怜惜地拍打着孩子身上的泥土，轻轻揉着孩子肿起的额头。

“妈妈的脚真遭罪啊！为什么要裹这么小?”孩子站起来捡回摔出很远的鞋子，替母亲轻轻穿上。

“天下女子全裹脚，这是老年间传下来的，说是皇上都发过话的呢。童养媳、裹小脚，是女子的两大罪过啊！妈妈全担上了。”母亲叹息着。

“皇上自己为什么不裹？皇上是不讲道理的人！”孩子昂起头看着空中飞过的一只苍鹰，愤愤地捡起一颗石头投掷上去。

“现今是民国了，没有皇上了。可当官的、有钱人都差不多，都不讲道理。等我芳林长大了再去当个好官吧！”母亲笑着安慰气鼓鼓的孩子。

“等我长大了，就要改改这个世道，就不让妈妈们裹小脚、谁家也不许娶童养媳，让全村人都吃上饭、全村的小孩子都念书！”说完背起背篓，在母亲的称赞声中，母子二人小心翼翼地下了山。

回到家中已是黄昏，却见父亲气哼哼地坐在竹凳上发呆，竹纸担子扔在一旁。看到母子二人进门，沉声说：“一天 100 斤土纸，从咱们上洪乡挑到张坊，怎么也有三四十里路，背都压驼了。月初他们说钱紧，脚力钱一个月算一回，挑一趟给个字据，我也信了。这挑了一个月，等到算脚力钱时天天按 80 斤算。我找人看过了，字据上写的就是 80 斤，还天天让我亲手按指印。这样欺负不识字的人，真是伤天害理！”

“唉！早就算计好了的，给人家种地租子上吃亏，挑土纸脚力上吃亏，全怪咱不认字。别说去县里告状，就是让大伙评评理，有凭有据的都说不通。”母亲边挑拣草药边叹息着。

“爹爹、妈妈，我要是识字了，就不让别人欺负咱们了！”父母转头看着孩子，突然齐声说道：“好！就让芳林读书，再难也供着！”

……

转眼间三年过去了，时光已是1919年的春天，晨曦微露，炊烟袅袅。读完“初小”的王首道已是13岁，在父母、哥哥的簇拥下，背着书包、穿着破旧却清洗得洁净熨帖的土布衣服走出家门。

“芳林，这么早就去上学啊？咱族里的王德吾真不愧大绅士！有学问，有眼光，不分穷富，就挑中咱芳林资助读‘高小’。来，这块红薯放书包里，路上饿了吃。”一位邻居婶婶笑着把一块热芋头递过来。

“芳林这孩子有出息，‘初小’这四年，年年考第一，德吾不挑他挑谁？芳林啊，‘高小’好好念，大了闹个状元及第，咱王氏全族都荣耀！”另几位准备下田的邻居也凑过来，笑呵呵地嘱咐着。

小小的王首道仰起清瘦的小脸笑着，慢慢走开几步，对着众人深深地鞠了一躬。

“真是上过学识文断字的孩子，又懂事又知礼，和这些没念过书的娃娃就是不一样！”在一片啧啧的称赞声中，王首道拉着父亲的大手走出了村子。

第一次考试，王首道又考了个第一。拿起卷子，收拾好书包，一路兴冲冲地赶回家中。“妈妈，我又考了个第一！”没人回应，母亲正默默地淌着眼泪给大哥包扎伤口。大哥手脚都在流血，脱下的衣服上全是血迹，背上还有块碗大的紫瘢。

不问也明白，肯定又是因为砍柴遭到了地主的一顿毒打。三个哥哥中大哥最懂事，7岁那年就给地主放牛，起早贪黑从不偷懒却还是打骂不断。三个哥哥都没读书，为了让自己念书，他们拼命干活。父亲有时赚了钱还会买碗酒喝，大哥为了供自己上学，什么钱也舍不得花。

看着哥哥手腕上还在冒出的鲜血，王首道一边帮母亲递棉布，一边把来不及捣碎的草药塞进嘴中用力咀嚼着，眼泪却止不住落下来流进口中。草，苦苦的；眼泪，咸咸的。嚼好的青草敷在大哥的伤口上，大哥轻声呻吟了一下，却转头向他笑笑说："芳林真用功，又考了第一！累了吧？先歇一下。大哥没事，别哭，别害怕。"

无法再面对大哥痛苦的笑容和慢慢渗出棉布的鲜血，王首道走到院中拿起竹筐镰刀，低着头慢慢走向田间。

已近黄昏，田野间稻谷飘香，一片幽暗的金黄。

很快割满一筐猪草，慢慢坐在山脚处一块大青石上默默地发呆。药草伴着眼泪的咸苦仿佛袭上心头，再也无法清洗干净。

看着一畴畴成熟的庄稼，想着父母累弯的腰身、哥哥姐姐黧黑的面孔和累累的伤痕，这一切，都因为一个穷字。穷人就该穷一辈子吗？穷人为地主干了那么多活，地主哪里知道感恩？还是像对待仇人一样逼迫打骂。这样的日月什么时候结束？穷人什么时候盼到平等、自在、无忧的那一天？

"看着吧，有一天我长大了，一定要改改这个世道！穷人不能再受苦、受欺负！富人也要干活，凭力气吃饭！"声音不高，却在寂静的山下田间回荡了很久。

这一年的 5 月，五四运动爆发，"毋忘国耻"、"收回青岛"、"抵制日货"等口号第一次让王首道意识到"爱国"有着更深的含义。这个时期，孙中山、黄兴的爱国思想通过老师声泪俱下的讲述，让很多学生深感"天下兴亡，匹夫有责"，各学校纷纷成立学生会。在全体同学的投票选举中，学习成绩优异、常常为大家做事不讲条件、不怕辛苦的王首道当选为学生会会长。

每天除了学习规定的课程外，王首道更喜欢阅读孙中山与黄兴的来往书信，从中体会革命者"以血报国"的壮士言行，也渐渐理解谭嗣同当年为变法弃生就死、用生命唤醒民众的决心与崇高。

1921 年春天，新民学会会员陈昌在湖南第一师范毕业后，根据毛泽东建议，回到家乡浏阳办学，传播革命思想。在其感召下，后来深有影响的夏明翰、陈作也来到浏阳。此时的王首道脱掉长袍马褂，听讲演、学报告，再也不是那个对“贫穷自在、富贵多忧”百思难解的小学生了。他个子长高了很多，开始和同学一起演讲，让更多的人明白新思想、新知识。作为会长，在学生会组织的每次活动中，王首道都和同学们一道阅读、追慕着这些民主先行者的作品与情怀。

1922 年，读完“高小”的王首道，对新思潮运动有着发自内心的认同，更想到省城长沙去读中学。但回到家中，看到全家人衣食不周的困苦生活，每次都欲言又止。父亲心中明白，只能叹气；母亲则含着眼泪，低头不语。

聪明好学的王首道深得老师喜欢，知道王家不可能承担任何官立、私立的中学学费，便指点他去长沙报考学杂费低廉的“修业农业专科学校”。

扎实的“初小”与“高小”基础，居然一考而取。穷山村出了中学生，对全族而言都是件大事。曾经资助王首道读“高小”的绅士王德吾再次慷慨解囊，答应每年资助他几块银元。农校的英文老师了解情况后，又向校方申请减免了一些费用，王首道终于可以安心就读了。

用王首道在回忆录中的话来说，比起浏阳山区狭小的天地来，自己真好像从小河来到了大海！“高小”时仅仅听说过陈天华的《警世钟》、《猛回头》，邹容的《革命军》等小册子，这时全读到了！还可以读到《共产党宣言》、《新青年》、《浏阳周刊》。也是在这个时期知道了毛泽东、何叔衡、易礼容等人的名字。

童年若烟，王首道从出生到就读“初小”、“高小”，再到报考“修业农业专科学校”，就像当年和着泪水给大哥嚼过的药草味道，在苦咸交替却能疗伤止血的生命年轮叠加中，一路走过了艰难的童年。

浏阳河弯过了几道弯
几十里水路到湘江
江边有个什么县哪
出了个什么人
领导人民得解放啊咿呀咿子哟

《浏阳河》，这首在多年后久久回荡在中华大地上的悠扬歌曲，也同时伴随着王首道——这个继谭嗣同之后，甘为国民抛洒一腔热血的浏阳人走过了一生。父亲和三个哥哥也为了和他共同的事业，相继献出了生命。家乡，如此令人留恋与难以忘怀……数十年后，当株树桥水电站在王首道夫妇的多方奔走努力下拔地而起时，两位老人感慨、激动、愉悦地合唱起了这首他们最爱的歌。

乃馨寄语：近百年后，当我生活在一个富足、丰裕的年代，却在反复品味着爷爷的童年。罗曼·罗兰说过："累累的创伤便是生命给你的最好东西。"此言信然，生命有时真如爷爷小时候的药草，苦苦的，却能治愈创伤，带给人回味与坚强。

爷爷的童年有个坚强的妈妈，爷爷在世时常常说起太奶奶。太爷爷和爷爷的几个哥哥都为革命献出了生命。生活是如此艰辛，身边的亲人一个个离去……在那么多苦难的岁月交织中，太奶奶依然用她的坚韧、平和、豁达影响着孩子们。太奶奶是个不慕名利、不图享受的人，在 20 世纪 60 年代主动回到家乡。妈妈说太奶奶李平贞曾经写过一本个人小传，记述中那用拐杖钩住树干上山，再一路滚下山的场景，至今想起仍让全家人既后怕又心疼。母爱是伟大的，离世数十年的太奶奶是深感欣慰的，因为她为家乡、为国家培养出了一个有用之才！

生命的磨砺的确是生长的过程中不可或缺的元素，衣食无忧的我们在不曾停息的生命旅程中总好像缺少了什么，也许人生必须要加入这丝淡淡的苦味儿，才更趋向完整。没有这样一个艰难的童年，也许就无法铸就爷爷后来的坚韧与宽容，爷爷的童年岁月仿佛一直在陪伴我长大。

就读农民运动讲习所，对王首道的政治生涯而言，起着里程碑的作用。在修业农校的三年中，王首道从阅读《浏阳周刊》开始了解毛泽东……

二、寄情农讲所

直到穿上黄埔军校的灰色制服，戴上灰色制服帽，仔细端详着镜子中映出的那张英气十足的面孔时，王首道才完全相信，自己真的已经从一个农校学生，成为第六届农民运动讲习所学员。

修业农校毕业后，王首道深感惆怅，三年的学业不仅学到了技术知识，更重要的是接触到了进步思想。只是离开学校后风雨飘摇中该何去何从？

正茫然若失之际，一个天大的喜讯降临了！当时湖南社会主义青年团接到中共湖南省委指示，要在青年学生中，挑选35名优秀青年，全国共招收327人，派送到毛泽东在广州主办的第六届农民运动讲习所去学习，专门培养一批在农村开展革命群众运动的骨干。学期近半年，1926年5月3日正式开学。毕业后由党组织分配工作。思想进步、学习成绩优异的王首道位列其中。

来到广州，农讲所层层叠叠的院落古朴幽深。宿舍中一排排的木床、教室中整齐的桌椅，更重要的是毛泽东等授课名师，都让来自全国各地的青年人兴奋不已。到校后不久，校服发了下来，灰色的黄埔军校制服、帽子，左袖上用一条小铜链挂着一枚长方形的讲习所证章。铜质证章左上角为中华民国国旗，右侧图案为犁头与禾苗组合的农民协会会旗，寓意深刻，简单悦目。数十年后，王首道的河北籍同届同学解学海的家人将一枚讲习所证章捐献给了广州农民运动讲习所纪念馆，同毛泽东主编的《农民问题丛刊》及周恩来1953年手书的“毛泽东同志主办农民运动讲习所”的字幅一起，成为纪念馆的“镇馆三宝”。

“王芳林，你穿这身衣服真精神啊！还真没见你这么好看过！”换好制服后，有人这样称赞着王首道。王首道微笑着，心中暗暗发誓：从今天开始，你不再是王芳林，而是“王一分”。因为你已经是革命一分子了！要有一分热发一分光，为理想的事业奋斗终生，才无愧于这身制服，无愧于你的家乡、父母！

已近黄昏，值班室有人跑来说，毛泽东所长请大家去谈谈。王首道高兴极了，在修业农校时虽然听过他的演讲，但毕竟是远距离地倾听。比起演讲中的慷慨激昂，这样面对面地攀谈一定更让人倍感亲切。

毛泽东住宿兼办公用的是一间小小的东耳房，这时他已站在门口等候大家，在和学员们一一握手后，一起走进屋中。王首道有些吃惊地看着房中的摆设：用两条长凳架起的木板床上铺着陈旧的草席和白床单。床上放着一对湖南出产的方形竹笼，里面盛衣服，上面堆满书报杂志。室内还有几把木椅和一张书桌，桌上放着笔墨纸砚之类。想到就在这间简陋的小耳房里，毛泽东夜以继日地备课、批阅习作、编写刊物，心中的感慨与钦佩无以言喻。身教重于言传，这才是为国为民做实事的人，这样的人才会真正体会到穷苦百姓需要什么！

高大清瘦的毛泽东乐呵呵地称呼大家为“湖南老乡”，气氛很快轻松起来。“毛委员，我在长沙就听过你驱除军阀赵锡恒的演讲。就是从那时开始，我常常想，驱除了一个赵锡恒还不够，中国这么大，我们应该铲除所有的军阀、恶霸，打我们自己的天下，那时人人为国家做事、为我们自己做事，这才是个好世界、好国家……”面对着老师，王首道一口气道出自己的看法。

“哦？你这个小老乡，很有思想嘛！孺子可教！这里的几个月，你不会白过。我会先让大家了解我们的农村、国情，了解帝国主义、军阀、地主怎么剥削压迫农民！我们怎么帮助农民站起来斗争，彻底改变这个世界！这几个月，给你们换上一颗会思考、有恒心的‘脑袋’！改变这个世界，靠的是我们大家！”毛泽东拍着王首道的肩膀，欣慰地笑着说。

就读前王首道了解到，毛泽东曾指示中共湖南区委选派了毛泽民、贺尔康、庞叔侃等50多人到广州第四、五届农讲所学习。1925年春天，毛泽东回到湖南韶山，在韶山地区20多个乡建立了秘密的农民协会和公开的群众性革命组织“雪耻会”。至1926年6月，已遍及湖南、广东、广西、湖北、河南、山东、陕西、四川、河北等10多个省区。1926年1月，毛泽东出席了国民党在广州召开的第二次全国代表大会，大会根据毛泽东等共产党人的建议，通过了农民问题的决议案，设立了农民运动委员会，以毛泽东、林伯渠、萧楚女等9人为委员。为推动全国农村大革命高潮的到来，毛泽东主办了本次第六届广州农讲所，亲任所长，扩大了招生范围，为全国培养农民运动干部。这届讲习所在全国各地共招收327人。

第六届农讲所学员可谓人才济济。

如河南籍的吴芝圃，从农讲所结业后，回到家乡领导了豫东农民武装起义。历任中共杞县县委书记、中共河南省委委员、中共豫皖苏区委书记、新四军游击支队副司令员……建国后，历任河南省人民政府主席、中共河南省委书记、中共中央中南局书记处书记等职。

安徽籍的曹广化，走出农讲所后回乡从事农民运动，1927年任中共寿凤临时县委书记，1932年率寿县游击队参加长征。解放战争时期，历任东北民主联军辽东军区后勤部政治部主任、东北野战军后勤部运输部政委。新中国成立后，先后担任中南军区军需部政治部主任、中南军政大学第一分校政委……军事检察院检察长、总政治部组织部顾问等职。在党的十一届三中全会上，当选为中央纪律检查委员会常委，后兼任中央"两案"审理领导小组办公室主任、中共中央军委纪律检查委员会副书记。2004 年 4 月逝世，是第六届农讲所活得最长的一名学员。

和王首道同一省籍的黄益善，结业后回嘉禾老家领导农民运动，任县农民协会委员长、县农民自卫军总指挥。1927 年 8 月参加南昌起义。1928 年春，与萧克等发动"嘉禾暴动"。1929 年 12 月，出席古田会议并参与决议的起草工作，被选为中共红四军前敌委员会委员。1930 年，"肃反"中获悉红十七师抓了 60 多名干部、战士，准备将误定的"AB 团"分子处决时，立即同罗荣桓商议，由萧克赶赴现场，解救了尚未被害的 40 多名干部、战士。因此被指责为"右倾越轨行为"并降任……1935 年 4 月，为掩护部队突围身负重伤，举枪自戕，牺牲时年仅 36 岁。1945 年，中共七大追认为红军烈士。

……

半个多世纪后，也就是 1986 年 5 月 3 日，在"纪念毛泽东同志主办第六届广州农民运动讲习所 60 周年"活动中，王首道和当年一起学习的数十位老同学，再次聚在了一起，说起牺牲的老同学，说起新中国的变化，抚今追昔，无不感慨万千。

学习课程共有 25 门，主要是农民问题，也包括了中国革命各个方面的基本知识。毛泽东亲自主讲《中国农民问题》、《农民教育》、《地理》三门课程。特别是《中国农民问题》，是学习的核心内容。

对自幼好学的王首道而言，每一门课程都让人兴致勃勃。学习的过程是个开阔眼界的过程，虽然从小到大亲眼目睹了农村的落后与暗无天日，但并未真正涉及根源性问题。毛泽东的"宝塔图"仿佛醍醐灌顶，让人此前混沌一片的思路瞬间豁然开朗。毛泽东把中国社会的阶级关系，形象地比作一座多层的宝塔。他边讲边在黑板上把宝塔画出来，对学员说："你们看，最下层是塔基，有工人、农民，还有小资产阶级，人数最多，生活最苦；压在他们上面的一层，是地主阶级、买办阶级，人数不多；再上一层是贪官污吏、土豪劣绅，人数更少；更高一层是军阀；塔顶是帝国主义。压迫、剥削阶级虽然很凶，但人数很少。只要大家齐心、团结，劳苦大众起来斗争，压在工农身上的几重大山就可推翻。百姓齐、泰山移，何愁塔之不倒乎?！农民运动最最需要的，就是大家齐心。你们将来需要做的，就是帮助他们团结起来，推翻塔基以上的'塔身'、'塔尖'！你们将来要做的是大事！农民的大事！国家的大事！"学员听得无不热血沸腾、摩拳擦掌。

帝国主义、军阀、地主是敌人；农民、中农、贫农和雇农才是朋友——毛泽东的"敌友论"，让学员一改此前的认识高度，认真分析起敌友问题。

"谁是我们的敌人？谁是我们的朋友？这个问题是革命的首要问题。"回答这个问题前，毛泽东先分析了地主的产生，地主的地和钱不是天上掉下来的，更不是命中注定的，是从佃农、雇农身上剥削来的。中国近代地主土地的来源大体上包括：首先是前清的官僚和目前的政客、军阀，以"刮地皮"所得买地成为大地主；其次是土豪劣绅、匪首等用霸占、抢夺等方式拿钱占地；还有族长、会首、教长等利用祠堂、庙宇及各种地方公会以祭祖祭神等方式集资买地；再有就是城乡商人和其他自由职业者积资买地；等等。

授课时，毛泽东引用了大量生动的事例，来证明中国农民、中农、贫农和雇农所受到的剥削与压迫最严重。农民受到来自帝国主义、军阀、地主三个方面的剥削与压迫。军阀对农民的剥削包括田赋、附加税、临时捐、军事特捐、厘金、盐税、正杂税等直接、间接的剥削，可谓名目繁多、层出不穷。

地方的剥削首先是重租，农民要把租种地主土地所得40%到70%交给地主；其次是重息，高利贷钱粮年息一般为36%到100%；再次是重捐，包括田亩捐、丁捐、猪牛捐、民团捐……除去这些经济剥削外，还有各种“超经济”剥削，如敲诈勒索、贪污舞弊、无偿劳役、强迫送礼，甚至公然抢掠。

因此，帝国主义、军阀、地主是敌人；农民、中农、贫农和雇农才是朋友。

“我们的学员来自全国各地，地主、军阀对农民的欺压是显而易见的，而帝国主义对中国农民进行间接剥削的花样之多更是超乎想象。因此‘反帝’同样是农民运动的重要内容。”毛泽东的“反帝说”可谓语出惊人，学员的注意力霎时集中起来，毛泽东逐一分析道：帝国主义一是倾销商品，从 1870 年到 1925 年，中国对外贸易年年都是大量入超，致使我国大量的白银外流，加速了农村手工业和家庭副业经济的破产；二是帝国主义从中国农村廉价收购农产品做工业原料；三是中国政府所借的大量外债及利息主要由农民承担；四是战争赔款，如《南京条约》、《马关条约》、《辛丑条约》的赔款，实质上也是落在农民头上。不阻止帝国主义各种形式的侵略，中国农民永无出头之日。

从前只知道农民的日子过得非常苦，却无法判断这种苦难来自哪里，更没想到压在农民头上的苦难居然如此深重！想改变这个世界，就要组织农民进行抗争。此时，初进农讲所时的欣喜被一种沉重的使命感、责任感所取代。一个声音从心底发出：王首道，你是农民的儿子，懂得了这些道理，你就必须为农民运动全力以赴，为了你的爹爹妈妈、家乡父老不再吃苦受气，更要为全国农民打下一片自由的天地！

讲习所的几个月中，师资力量可谓“群英荟萃”。为配合毛泽东的教学工作，周恩来、萧楚女、彭湃、恽代英、张秋人等也参与了授课，每个人都对我国农民运动有着独到的看法和工作经验，课上掌声不断，学员们只怪课时安排太短。

课下，王首道常和同学议论着每位主讲人的授课特点：毛泽东生动形象、深入浅出；周恩来幽默风趣、穿透力强；萧楚女热情洋溢、意味深长，授课时因病吐血，却让学员不必慌张，并坚持把课程讲完；彭湃以点带面、博采众长；恽代英旁征博引、雄辩滔滔……在只会读写《三字经》、《千字文》的"初小"和"高小"、只教授农业专科知识的修业农校，哪里听到过如此集军事、政治、经济、社会、阶级力量、国际国内形势等分析为一体，再经名师之口字字珠玑如银河倒泻般的授课方式？王首道和他的同学们每天都听得如醉如痴，心灵上的升华可谓一日千里！

除了对主讲人讲授的课程全面接纳吸收外，更由此学会了思考与总结，尤其对一些复杂社会问题的认知能力得到了质的飞跃。就读"高小"时一直对"授之以鱼不如授之以渔"存有困惑，此时开始逐步理解"鱼"和"渔"的真正内涵。对学员而言，在通过学习明白一些革命道理的同时，更会由此掌握分析与判断能力。道理是"鱼"，能力是"渔"；对日后农民运动而言，指导他们进行反剥削、反压迫是"鱼"，启发他们认清形势，自发团结起来进行反剥削、反压迫是"渔"。思考让人成熟，这一时期的王首道，学会了深入思考。

比如毛泽东在讲解《农村教育》课程时对"上品人"与"下品人"通俗而深刻的分析让王首道在很多年后仍记忆犹新：孔孟之道认为"士农工商，以士为贵"、"万般皆下品，惟有读书高"。但乡下"上品人"极少，"下品人"却很多。"上品人"是阔人、有钱人，压迫、剥削着"下品人"；"下品人"在政治上、经济文化上均遭受压迫剥削，起来反抗却又屡遭失败。农村教育的目的就是要教育"下品人"组织起来进行斗争。工农商学兵应该联合一致，推翻列强和反动军阀及地主，农民问题才能解决。在后来的农运工作中，王首道经常为农民讲解"上品人"与"下品人"的关系……新的社会创立后，"上品人"与"下品人"的概念就会改写。

为训练学员的农运工作实战力，毛泽东还将来自全国各地的学员，按照 20 个不同省区组织了湖南、江西、两广等 13 个"农民问题研究会”。由学员推举干事、书记若干人，自己主持会务，提出了租率、田赋、地主经济来源、主佃关系、抗租减租平粜、地方政治组织、团防、妇女地位等36个调查项目，引导学员对各省农村的政治、经济、军事等各方面情况进行调查，掌握第一手资料。

在去广东海丰县实习前，王首道就和同学们兴致勃勃地做着各种准备。一段时间的课程学习让大家都具备了相当的理论基础，如果再去亲眼目睹一番农运实践工作，将来的工作就会有个很好的参照。

从彭湃老师的授课中了解到，广东省海丰县是彭湃的家乡，是全国农民运动最先兴起的地区之一。从1922年彭湃就开始在此开展农民运动，同年7月，发动5位青年农民一起，成立了仅有6个人的农会。他们首先在贫苦农民中进行宣传发动工作，不但帮助大家解决日常生活中的困难，反对封建恶习，而且带领农民打土豪、斗恶霸，取消苛捐杂税，因此逐渐获得了农民的信任，农运工作蓬勃开展起来，为中国早期的农民运动及后来大规模的农民运动提供了宝贵的经验。

从广州乘船到达汕尾，繁星闪烁中连夜急行军。已是夏末秋初，海丰乡间静谧安宁，偶尔传来的虫鸣声让人心头一爽。远处的村落隐匿在月色中，斑驳的树影在微风中朦胧地摇动着。

黎明前到达目的地，海丰的农会会员早已提灯等在街旁。“同志们辛苦了，赶快喝水休息。”一口浓重的粤语虽然要反应一阵才能听明白，但热情爽朗的笑容却让人如归故里。

一阵锣鼓声传来，一大队龙灯、狮子涌上街头。晨光四合中，龙头上的“夜明珠”璀璨夺目，“狮子头”左摇右摆，不时凑到学员队伍中来，突然会从“狮腹”中伸出一只大手和学员们相握。大家高兴极了，热闹场景冲散了夜行军的疲劳。

“这是为了欢迎农讲所的同志，我们的农会会员特意赶时间排练的龙灯狮子。平时农忙，只有在正月十五农闲时才会舞狮。你们不一样，不久就会到全国各地去发动农民运动，辛苦的日子还在后面。全国老百姓还在等着你们做大事呢！”农会会长介绍着。

天已大亮，街上行人渐多。男女老少人人表情愉悦，从容自若，比起浏阳老家父母邻人不时的愁眉苦脸，真是两个世界。“这才是中国农民该过的日子！我们有责任让父老乡亲过上这样的日子！”王首道心中对比着、感慨着。

在彭湃的带领指挥下，学员分头学习参观，王首道和几名同学被安排到农民协会、农民自卫军中进行参观访问。

“我们的工作首先是从成立农会、发动农民控诉地主开始，然后从群众中挑选积极性高的青壮年人组成农民自卫武装，这是今后工作顺利开展的保证。这中间有大量的工作要做，包括选择会场、开办民校。会场上的标语、口号一定要事先准备好，控诉大会是要由标语、口号控制气氛的。民校课程也要安排好，比如除反对剥削外，还要提倡男女平等、婚姻自由这些新思想。农民运动就是要带给我们的农村一个新天地！”没想到农运工作有这么多的细节，这些经验太宝贵了！海丰之行果然重要，有了这些经验将来工作可以少走很多弯路。虚心听取着当地农会会员的介绍，王首道认真记录着，心里在暗暗筹划着将来回到湖南的具体工作。

教学授课之余，毛泽东还常带领学员参加各种社会活动。开学伊始，毛泽东就组织学员参加了广东省第二次农民代表大会，向大会代表学习农民运动经验。6月23日即“沙基惨案”一周年纪念日，毛泽东亲自率领学员冒着大雨参加了反帝示威游行。时值夏日，大雨倾盆，毛泽东和大家一起行进在雨中，振臂高呼：“坚决收回一切租界！”“打倒帝国主义！”数百名学员的高声齐呼在大雨滂沱中震耳欲聋。租界内静悄悄的，没人敢嚣张地站出来阻止游行，农讲所学员士气高昂。这次游行，无疑是一堂生动鲜活的政治课。

在农讲所的课程中，军事训练占到了全课程的三分之一。军事训练部专门负责训练工作。教官兼总队长赵自选是王首道的浏阳同乡，毕业于黄埔军校，1925 年省港大罢工工人纠察队第一大队教练，曾任孙中山广州陆海军大元帅府“铁甲车队”军事教官。每天清晨，军号一响，学员们必须在 5 分钟内穿戴整齐、打好绑腿，背起汉阳造步枪到操场边训练，齐声高唱起《国民革命歌》：

打倒列强，打倒列强，除军阀，除军阀；
努力国民革命，努力国民革命，
齐奋斗！齐奋斗！
工农学兵，工农学兵，大联合，大联合；
打倒帝国主义，打倒帝国主义，
齐奋斗！齐奋斗！

赵教官训练前对学员说：“虽然军事课只占三分之一，但同样是重要的课程，将来投身农民运动没有一定的军事指挥才能，工作就很难进行。没有经过战争洗礼的农民力量是一盘散沙，农运具体工作有时甚至比上战场还难。军事训练一是要让大家有个强壮的体魄，二是学习军事要领、掌握作战技巧，三是为将来大规模的战争做准备。未来几十年的中国，需要大量的军事人才。记住！从走进农讲所的那天起，你不再是一个简单的自己，而是一个为了改变国家命运时刻准备献出生命的人，同时还可能是一个不怕苦、不怕难、不怕死的军人！”

很多年后，这位同乡教官的话伴着嘹亮的歌声、号声仍然回荡在王首道的梦中。这一时期严格规范的体能、射击训练，更是让王首道在后来的农运、军事工作中面对突如其来的追捕、枪战，一次次化险为夷。

近半年的学习很快就要结束了，通过这一时期的学习与训练，毛泽东的“宝塔图”、“反帝说”、“敌友论”、“上品下品论”及每位名师的讲授都仿佛在学员心中扎下了根，心灵深处对未来理想事业的定位实现了质的升华，义无反顾地永远追随共产党、誓为农民运动献出一切成为这一人生片断的唯一目标。毕业前，王首道加入了中国共产党，他永远无法忘怀的是宣誓的那一刻。

王首道在他的回忆录中说：直到今天我还清楚地记得在农讲所，我们在火红的党旗下庄严向党宣誓的誓词：

服从纪律，牺牲个人；
努力革命，阶级斗争；
严守机密，永不叛党。

乃馨寄语：从小到大，在我的心目中，“农讲所”是一个充满着政治热情与信念轨迹的所在，在毛泽东、周恩来、恽代英、肖楚女、彭湃、张秋人等“名师”的言传身教下，众多的志士仁人如毛泽民、贺尔康、庞叔侃、吴勤、李冠南、雷晋乾、袁德生、谢铁民、黄益善……当然也包括我的爷爷王首道，先后从这里走出来，奔赴自己为之付出一切的理想前线。我好奇：什么样的教育打造出了如此意志坚定、不畏强暴的一大批人选？我骄傲：我，是这样一批人的后代！我身上流淌着坚贞、顽强的血液！

爷爷在后来的回忆录中曾经对毛泽东的“宝塔图”、“反帝说”、“敌友论”、“上品下品论”等进行过详细描述。正是这些分析，让他看清了当时的中国社会现状。那时的年轻人，心灵是洁白无瑕的。我明白，在入党宣誓的那一刻，爷爷已经把全部的自己都交给了党，年轻的心永远都不可能反悔，只因为对老师言论的认同、对党的认同。那时的入党，是真正的追随、是随时可能献出生命的选择，没有任何政治资本可言。

对爷爷的学习、吸收过程而言，农讲所时期是全面打好学习基础的时期：军事训练为日后无数大大小小的战役打下了战略、战术基础；关于中国农民问题的讲解对日后领导农民运动起到了“导航”作用；对帝国主义、军阀、地主对农民的盘剥及杂税、外债等分析，为日后财经管理工作打下了理论基础。这个时期，年轻的爷爷收获是非常巨大的，更重要的是由此学会了深入思考，开始具备一个领导者的基本素养。

从被几十双手高高举起、抛向空中的一刹那起，王首道深深懂得，大家高高举起的并非简简单单的一两个人，举起的是能为他们当家做主、翻身打天下的力量！

三、农运三年间

1926年9月末，挥手惜别广州农讲所的老师同学，王首道被国民党省党部、中国共产党湖南区委以省党部特派员的身份，派往湖南省祁阳县负责农民运动工作。在湖南工作的三年多时间里，剪除恶霸、脱险借枪、数打张坊等事件，仿佛一串散落在时空中的珠子，穿起年轻的王首道生命中一千多个日日夜夜。

剪除恶霸　小试锋芒

秋高气爽，乡野间鸟啼声声、谷香袭人，田里的农户都在忙碌着。山路上健步走来一个年轻人，身穿月白色细布长衫，提着一只藤篮，边走边四处观望着。一位割稻谷的老人问着："外乡来的后生，是给大户的少爷小姐教书还是来当账房先生？"王首道听后笑笑，就势走过去讨口水喝。

"大叔，收成不错吧？"王首道放下藤篮，坐在地头上问这位年近70的老人。

"收成还好，可收下来也不是自己的。租人家的地种，打下粮食多半交地租。自家口粮不够，到了开春还要借，秋来打下粮食除了地租，还要还上春天的借粮。粮秤是东家当家的，借粮时用小秤，还粮、交地租使大秤——唉！一斤差上快一两！不说了，这日子哪有个头。”老人叹息着拿起盛水的瓦罐，把水倒在一个粗瓷大碗中递过来。

王首道喝过水刚要开口，却见两个家丁模样的人狂奔过来，在老人面前突然停住，虎视眈眈地盯着老人。老人不明所以，赶紧站起来，尚未站稳，就被一记耳光打得跌坐在地上。“你昨天在孝敬刘老爷的山鸡上做了什么手脚？他老人家到现在还一直泻肚子！郎中说是吃的东西不大稳当。老爷就是吃了你送的山鸡才闹病的，你想害死老爷不交地租？”打人的家丁怒吼着，示意同伙把老人架走。

突如其来的变故让王首道愣住了，缓过神来刚要冲过去理论，却被几个乡邻拦住：“你是外乡人，斗不过他们，白白跟着一起挨打坐土牢。”

“这么没凭没据地抓人，家里还有土牢，这祁阳也真是无法无天了！”王首道愤愤不平。

“‘东蒋西刘，挖心剜眼割人头。’咱这西边的刘梅轩和东边的蒋衔是祁阳两大活阎王。大叔给刘梅轩送山鸡，是想他收地租时用平秤，不用大秤，少吃点亏，谁知道他自己吃了什么东西闹起了肚子。大叔是出了名的善心人，打了山鸡连孙子都舍不得给吃，哪会去害人？这一抓走真不知是死是活呢。”众人齐声哀叹着。

再也无心欣赏乡野佳景，来前听说的祁阳文昌塔、浯溪碑林也早抛在了脑后。王首道一路找到文庙，来到县农民协会的办公地，当天就开始了调查工作。几天乔装调查的焦点问题依然集中在刘梅轩、蒋衔等人身上，看来祁阳的天空下真是血迹斑斑。这些人都备有武装家丁、私设监牢，草菅人命是常有的事，百姓虽恨之入骨，却没人敢站出来。

惦记着被刘梅轩关押着的大叔，更想让祁阳地区的百姓早脱苦海，王首道开始着手县农民协会的组织工作。此时经国民党祁阳县党部出面，通过选举，县农会及各区农会相继成立，祁阳本地人、地下工作经验丰富的雷晋乾当选第一任县农会委员长。

为迅速开展工作，比照广州农讲所的授课模式，王首道组织了农运骨干 200 多人，晚上培训、白天工作，开始筹划斗争祁阳第一大恶霸刘梅轩。

开始的动员工作并不顺利，很多人家虽与刘梅轩仇深似海，却畏之如虎，只怕万一批斗不彻底，反会为其所害。明白了大家的心思，王首道开始带人分头登门入户做工作，让每家先倒“苦水”，再让他们相信农会一定会为农民撑腰，不斗倒这些恶霸，农民永无出头之日。

工夫不负有心人，乡亲的顾虑解除了，纷纷要求尽快召开批斗大会。农会到底刚刚成立经验不足，开会前一天不知怎么走漏了风声，老奸巨猾的刘梅轩连夜带着老婆逃跑了！

王首道和雷晋乾等人商量后，鉴于群情激愤，批斗大会应该照常开。

真是祁阳有史以来万人空巷的大会，开始人们都站在台下，一时间竟不知该说什么。王首道站起来：“乡亲们，你们受苦了！现在有咱们农会给大家撑腰，受过刘梅轩什么气、吃过什么苦都要说一说，咱们心上应该有一笔账。农会要给大家一个公道！”台下依然静静的。

一位老婆婆颤抖着双腿走上台来，没说话先哭起来：“刘梅轩欺负咱这无依无靠的穷人，连个说词都不讨了啊！村东那块地本是我家祖上的，他买我们不卖。他就直接说我们截了他家的水浇地，把我老汉和儿子抓进土牢里。老汉死在里面，儿子被打断了腿，成了废人。儿媳妇被逼得带着孩子改了嫁。这个家就这么毁了！他连地契都没有，就说这块地是他刘家的！还放话说衙门里全是他的人，敢去告状我们母子的命也别要了。好好的人家没了人、没了地，就靠我这老婆子讨饭……”老人说着说着竟昏倒在台上。

人群愤怒了，开始争相冲上来控诉。多少代都没有人敢开这样的口。成千上万的人涌向会场，农会当即决定报请县特别法庭将刘梅轩通缉归案，同时由区农会和乡农会组织群众清理刘氏资产。

走进刘家大院，果真粮满囤、猪满圈。王首道看着一张张面黄肌瘦的脸，当即吩咐农会会员："快！先取出几百石谷子救急，挨户做工作时就发现不少人家已经断了炊，没有现放着粮食让人挨饿的理！"

"可县里规定猪羊可以分给大家，粮食还是要申报的。"工作人员提醒着。

"等不及了！吃饭要紧。先分粮食，我马上去县里汇报说明情况。"王首道解释着。

"分粮了，有肉吃了！……"欢笑声长时间回荡在街巷中，有人自发唱起了花鼓戏。

送水的大叔拉着孙子来到王首道面前，低头对孩子说："快给王特派员磕个头，要不是他，爷爷过不了几天就死在刘家牢里了！我敢说咱祁阳人打古来都没这么快活过。"王首道赶快拉住正要跪下去的孩子说："大叔，快别这么说！咱农民要跳出苦日子，就要大伙齐心，光我一个人批斗不了刘梅轩！"说着从口袋中掏出一支笔递给孩子："孩子，吃饱饭长壮点，咱们中国的新天下是你们的！那时候的光景，地主没了，人人自食其力吃饱饭，孩子们都有书念……"

祁阳农运的第一炮打响了，这无疑为全省工作开了一个好头。湖南省《民国日报》对此给予了重点报道，农会上下兴致勃勃。王首道却怎么也高兴不起来，心头一直盘旋着刘梅轩逃跑事件。

接下来农会批斗的目标顺理成章地锁定了蒋衍。有了前车之鉴，王首道示意农会人员事先不要再提批斗的事。

王首道带领农会会员通过入户调查，发现"雄踞"祁阳东部的蒋衍比起刘梅轩并不稍逊，真所谓"东蒋西刘"。有地600多亩不说，还当过团总，手中有枪，堪称和刘梅轩"并驾齐驱"的大恶霸。更难对付的是蒋衍读过书，和祁阳县县长刘鹏年是同学，做事方式更狡诈、圆滑，是乡邻中公认的"笑面虎"。

"王特派员，我家从晚清光绪年间就采药种药，城里的生药铺专收我家的药材。蒋家现在的600多亩地，有70多亩是我家的药地。大前年他看我爹爹进山采药摔断腿，就要低价收买我家的药田，爹爹不答应，他表面没说什么，却买通县衙门的人把爹爹抓走，说是暗通土匪。还买通土匪头子，说我爹爹送药给他们。我爹爹就这样没凭没据地死在牢里，妈妈气疯了，去砸蒋家的门，被他家的团丁开枪打死。家里的地契也被他们抢走，我和弟弟天天要饭吃。乡邻可怜我们，有时也让我们打打短工，才没饿死。弟弟从今年春天就病了，一动就喘，我采的药吃了也不管用。这几天身上火炭一样热了，再不治就死了……"一个十五六岁的孩子边说边号啕大哭起来。

"孩子，别哭，我这就叫人请郎中给你弟弟看病。我们就要批斗蒋衍了，你们先和我到农会吃几天饭，批斗大会结束后会给大伙分粮食。"看着孩子惊异的目光，王首道笑笑，叮嘱他不要走漏消息，然后返回农会准备商量对付蒋衍的下一步工作。

仗着和县长刘鹏年是老同学，蒋衍并不把农会放在眼里。一听到批斗风声，事先将两担银元送给刘鹏年，心里踏实了不少。偌大的家业像刘梅轩一样逃跑撇开实在舍不得，想到家里有枪有弹，便盘算着先观望一下风头，如果情况不妙再弃家逃走。

没想到早上长工准备开门挑水时，事先埋伏蒋家四周的农会会员一拥而入，直接把蒋衍堵在了被窝里。闻讯赶来的群众越来越多，数千人步行百余里，把恶霸蒋衍押解到了祁阳县城。口号声、讨伐声响成一片，祁阳县城沸腾了。

群情激愤之下，刘鹏年一边说要查证属实，从长计议，一边却派人指使蒋衍的家属前来喊冤，会场开始混乱起来。王首道当机立断，先暗示雷晋乾和刘鹏年不断周旋拖延时间，一边迅速调集正在县党训班在学的200多名学员来到法庭。"我们要求立即下令处决恶霸蒋衍！给乡亲父老一个交待！还查证什么，被害死的人，家属都在！

这就是人证!”抗议声中刘鹏年开始坐立不安,但两担明晃晃的银元就放在家里,说什么也不肯松口,只一味强调人命关天,自己一个县长当不了这个家。王首道授意学员们把哭哭啼啼的蒋氏家属赶走,对刘鹏年说:“刘县长,既然你当不了这个家,那就向省政府请求执行吧。农会这方会向省农会请示。”

第二天,省农会的批示电报送到,数千农民欢声雷动,恶贯满盈的蒋衍终于被枪决。

嗣后,王首道带领大家一路披荆斩棘,仅次于刘、蒋的祁阳大土豪唐月如、李浩等人相继被正法,农运工作如日中天。

此时的政治环境下,国民党是公开挂牌,共产党组织却是秘密进行。鉴于此,特支深感应该在群众中公开一两名备受群众爱戴的共产党员身份,以便树立共产党人的良好形象,密切党和群众的鱼水关系。经批准,王首道和县农会委员廖康国成为合适人选。

大会上,当两人走上主席台时,台下鸦雀无声。几秒钟的沉寂后,爆发出雷鸣般的掌声。两人尚未反应过来,一大群乡亲拥上主席台,几十双手将两人高高举起抛向空中……那一刻,王首道深深懂得,大家高高举起的并非简简单单的一两个人,举起的是能为他们当家做主、翻身打天下的力量!

祁阳脱险　平江借枪

正当湖南农民运动如火如荼、一片生机盎然时,上海一场突如其来的“四一二”反革命政变及紧随其后的马日事变,使得行云流水般的农运工作戛然而止。仿佛一夜之间,白色恐怖便笼罩开来,上海成千上万的工人倒在血泊之中,湖南省城所有的共产党员和左派人士,被抓的抓、杀的杀、逃的逃。原本缩起尾巴的土豪劣绅趁机出笼,重新横行乡里。

马日事变当晚,王首道接到友人转来的国民党部内部急电,内容是将祁阳的革命者全部逮捕，不得有人漏网。非常时刻到来了，中共祁阳县特别支部立即召开紧急会议，决定为保存力量，工作转入地下。当务之急是疏散、转移革命群众和共产党员及党组织，然后迅速撤离祁阳县城。雷晋乾、蒋毓华负责县城及附近群众的疏散，王首道和中共祁阳特别支部书记李镇球负责文件处理及机关转移，王首道的安全工作由李镇球负责。

处理完文件，已是深夜。在李镇球的连声催促下，二人来到龙山后面的城墙上，往城下一看，足有六七丈高，下面黑洞洞的。又在附近观察了一下，发现一处缺口大约有四五丈，下面似乎是块平地。犹豫间听到集合号声远远传来，已是千钧一发，无论如何也不能落到敌人手里！想至此，来不及商量，王首道只招呼了李镇球一声便纵身跳了下去。落地时双腿震得发麻，起来活动了一下，居然没有受伤，奔跑的速度也没有减弱。李镇球见状也跟着跳了下来。

明亮的月光下两人疾速奔跑着，城里的喧嚣渐渐远去，后半夜便赶到了李镇球的老家——步云桥乡百岁门村。因外面风声越来越紧，为避免给李家人带来麻烦，小住数日后，又乘夜来到祁阳境内四明山旁的太和堂乡，在当地群众匡能轩家中住了一夜。没想到，第二天便走漏了风声，太和堂土匪头子李文青得知村里来了“重要人物”，扬言要搜查“暴徒”向反动政府请赏，一时间村里乱起来。午饭时间，趁匪兵们吃饭的当口，王首道和李镇球悄悄跑出村子，来到四明山腾云岭上的寺庙里。庙里的住持是位爱国宗教人士，几年前因对政局不满愤然出家，此前也和王首道与李镇球有过接触，看到两人突然“不请自到”，心里已经明白发生了什么事。还没来得及开口说话，山门已经被重重地敲响起来。

“快开门，再不开拆了你们这破庙！”土匪们大呼小叫着。住持急中生智，拉着两人来到后院，指了指角落里的一口放在地上的大钟。王首道和李镇球看过去，见这口大铜钟锈迹斑斑，不知道什么年间所铸，钟沿还有一处破损的缺口。几个弟子忙上前撬开大钟，两人会意，忙钻了进去。住持又招呼弟子盖上些柴草，又伏在一个弟子耳边交待了几句什么，这才示意缓缓开门。

“把共党分子交出来！有人看见跑到这边来了。不听话把你们一起当共党处置，烧了你这破庙！”一个匪兵用枪指着住持。

“出家人不问政事，不打诳语。各位尽管搜查。”住持从容安详的表情让匪兵们一时摸不着头脑，乱哄哄地跑进大殿和僧舍，叮叮当当地乱翻了一阵，又准备到后院搜查。

“上香时辰已到，所有僧众都在这里，各位施主要不要给家人焚上一炷平安香？”住持一面询问着匪兵头子，一面吩咐弟子摆设香烛法器。

庙宇瞬间静了下来，住持带领众弟子开始焚香诵经。匪兵们无所事事，把所有人的面孔认真端详了一遍，便慢慢来到后院张望了一眼，见院子中只有些柴草，为首的刚要下令搜一搜，忽然一个匪兵跑进来报告：“当家的，刚才有弟兄看见两个人跑到后山上去了，看身形像是要找的那两个人。”

匪兵头子想了想，又扫了一眼柴草，似乎并不太多，便一摆头，带领匪兵们离开了寺院。

天色慢慢暗了下来，在确认院外没人后，住持才让弟子搬开大钟。王首道和李镇球忙钻了出来，用力伸展着四肢和腰身。

住持笑笑说：“两位吃苦了，幸得身量不大，否则这口大钟还装不下两个人。”

“多谢住持了，刚才在钟里真担心给庙里带来麻烦。我们都听到了，那两个人是住持安排的吧？”王首道微笑着道谢。

“呵呵不值一提！还是佛祖保佑，才让两位躲过一劫。这几天他们不一定再来了，先安心住下吧。”住持安慰着。

一住五天后，便到了庙会的日子，为防止人多眼杂再次暴露行踪，两人告别住持，又回到了百岁门村。此时，村里的形势更加紧张，附近一个大土豪曾在农民运动中吃过苦头，听到李镇球带人回乡的消息后，立即组织武装团丁，准备次日清晨包围百岁门村。

得知消息后，为了缩小目标，两人决定分开行动。李镇球向广西方向走，王首道向零陵方向撤离。

“王特派员口音不对呀，路上要过好几个关卡，查问严得很。又不是小媳妇低着头不肯说话，这可怎么办?”李镇球的大弟弟李镇华提示着。

“对啊，你真点醒我了！就扮成个小媳妇怎么样？谁问话都装成怕羞不开口，不就过关了吗?”李镇球恍然大悟，连忙找到花衣服和小包袱，让弟弟和另一个族弟李朝吉一起陪同王首道离开祁阳。

淫雨绵绵，通往湘桂铁路的大道上泥泞不堪，一对“小夫妻”和一个“小叔子”模样的年轻人打着油纸伞姗姗走过……在经历了几次相当危险的查问后，终于在半夜时分，来到了湘桂铁路的南河岭，清晨到达黎家坪。虽然路面上已是相对安全，三人仍不敢大意，干粮也是边走边吃，终于在次日傍晚来到目的地黄洋司。一路上李镇华和李朝吉又累又怕几乎虚脱，王首道这时还兴致勃勃地谈论着一路上的有惊无险。

后来才知道雷晋乾、蒋毓华因叛徒告密而英勇就义。大土豪在第二天清晨就包围了百岁门村，挨户搜查。因为没抓到王首道和李镇球，将李镇球的老父亲李芳生毒打致残，半年后去世。李母悲愤过度双目失明。

在黄洋司党组织的安排下，王首道来到长沙寻找组织。一段时间的农运工作可谓轰轰烈烈、惊心动魄。虽然危险异常，但带给祁阳父老乡亲生活上的转变让王首道坚信，这段时间的跋涉值得！从这一意义上讲，自己的工作与其说是付出，不如说是收获，由此收获了一份信心，也感触着来自穷苦百姓中那份感动的力量。“祁阳的父老乡亲，我们会回来的！”王首道的心头长久地回荡着这个声音。

祁阳的农运岁月，给王首道留下了深刻的记忆，60年后，这段话出现在王首道的回忆录中：

> 在祁阳是我第一次正式参加革命工作，虽只短短的一年时间，但是给予我的印象却是十分深刻的。在这期间我既赶上了中国革命出现的第一次高潮，也遇到相当残酷的白色恐怖的革命低潮。正好像工人师傅把一块钢淬火一样，既经受了白热化的炉火，又顷刻间沉浸到冰冷的水中，这无疑是对于每一个革命者的严峻考验。直到60年后的今天，我仍然由衷地感谢祁阳的革命战友和广大革命群众，正是由于他们曾经发挥出来的无比高涨的革命热情，影响了我，教育了我。

长沙街市上的过分平静让人不安。王首道来到潮崇街，读修业农校时进步青年常常光顾的“文化书站”大招牌别来无恙。他习惯性地走进店内，从书架上取下一本书边翻看边四处打量，只希望能见到熟人，打听一下消息也好。突然一排书架被撞倒，从外面闯进来的七八个人叉着腰、横眉立目地扫视着店里的客人。王首道故作镇静，抬手从书架最高处取下一本《春耕治虫》慢慢翻开。旁边两个年轻人有些惊慌失措，不住地偷眼看着他们，这些人就此一拥而上，强拉硬扯地把两个人带走了。隔着窗子，王首道还听得到两个人的抗议声，只听到一句粗鲁的回应：“废什么话？有话到保安司令部去说！”

正在去留之间徘徊不定时，终于看到书店掌柜从外面回来了。一见王首道，二话没说就把他拉进了后堂。

终于和组织接上了关系，王首道掂量着那本《春耕治虫》，轻轻舒出一口气——下一回的“虫”该怎么治？也许另有一番无法想象的鏖战了。组织决定很快下发，派遣王首道回到浏阳家乡去，“修复”那里被破坏的党组织，发展秘密农会和武装。

自马日事变后，浏阳的工农义勇队又调赴江西。随着土豪劣绅的还乡，白色恐怖立刻降临浏阳，到处烧杀，捕捉农会会员，不少人牺牲，还有不少人离家出走。南昌起义和秋收暴动后，在一个月前，从安源开来的参加秋收暴动的第二团，打开了浏阳城。但是，紧接着国民党军队和浏阳东乡、平江地方上的团防局，又打回浏阳，把第二团打散了。隐蔽下来的党员，已经为数很少。此时，看到省委派来的王首道，大家都非常高兴。

“首道同志，我叫李贞，我们留下来的四名党员组成了一个临时支部，其他三位是男同志。大家选我当书记，不是因为我能干，主要是认为女同志好活动，不容易引起注意。看，窗外就是山，有情况可以立即跑到山里去。我们做地下工作一定要学会保护自己。”李贞边爽快、大方地介绍着情况，边推开窗户指着窗外。

王首道点头微笑着，看着这位永和区第一位地下支部书记，发现她虽然说话谦虚，其实很有头脑。

从此，王首道就在永和乡周围几十里的范围内开展活动，有时穿着长衫，打扮成教书先生，有时也穿短衫扮成农民。

一天，有消息传来，原浏阳县委书记潘心源到北乡来了。潘心源是王首道在长沙读书时的学友，原本就很要好。在祁阳从事农运活动时，张坊的同志就曾写信告诉王首道，浏阳的农民运动之所以搞得轰轰烈烈，是因为领导威信很高，潘心源非常有胆略。有一年春节在全县庆祝北代胜利的群众大会上，没费一枪就把县警备队长康秉藩抓起来，当场由工人纠察队解除了警备队全部武装，并把反动县长肖骧驱逐出境，这就是浏阳地方史上有名的“除唐驱肖”运动……因为博学多才，老百姓都管潘心源称作“博士”。

转眼间几年未见，在白色恐怖中再次相逢，两人倍感亲切。

“浏阳四处抓人！我被列为有名的‘十大暴徒’之首。反动派重赏通缉捉拿！许多人又认得我，弄得我没办法出去活动，只好白天躲起来，夜晚才能出去一下。你就不同了，浏阳人对你不熟悉，你可以公开自由活动。眼下浏东恢复了党支部，你们活动得很好，那就由你负责浏东特别支部。你赶快取个代号，以后有什么消息和文件，我写信转交你，减少我们见面的危险，你看怎样？"潘心源交待着。

"是啊，北乡和东乡相隔几十里，来往很不方便，给人发觉了太危险。只是给浏东特支取个什么代号呢？嗯，目前要恢复党组织，需要一个坚守道义的人，就叫'王守道'如何？"王首道沉吟着。

"好！以后有什么事，我就寄信写兵马桥王守道收。"潘心源连声说好。

将近年关，北风呼啸，天寒欲雪。从浏阳到平江的崇山峻岭间踯躅行走着三个身穿老布棉袄、手拿扁担绳索准备上山砍柴的年轻人。

"真不容易来到了平江县界，走这两天累倒不觉得累，但是冻坏了！也不知道罗纳川会不会把枪让我们扛回去，枪可是游击队的命根子！给我们一条他们就少一条。"一名游击队员猜测着。

"罗纳川本来就是我们浏阳的农运部长，不是马日事变可能还在浏阳工作呢。浏阳也算是他另一个'家'，不会这么不念旧。"王首道乐呵呵地断言。

话虽这样说，心里到底也有些踌躇。没有枪的日子过得异常被动，自马日事变后，随着土豪劣绅的还乡，农会会员到处被捕杀。好在通过暗号和介绍信，自己总算联系上了浏东永和区临时支部，支部书记李贞非常能干。浏阳时下是一片白色苍茫，除了成立游击队已是别无选择。令人欣慰的是永和区第一任党支部书记张启龙抱病归来，浏东特委成立了 10 个支部，星星之火渐呈燎原之势，对枪支弹药的需求已是迫在眉睫。此次的平江借枪，是游击战迈出的第一步。

终于见到了高大儒雅、戴着眼镜的罗纳川，活脱脱一个教书先生，怎么看也不像平江县委书记兼游击队司令。罗纳川曾在浏阳农运中处决大土豪周永晋，对王首道曾在祁阳铲除刘梅轩、蒋衍等恶霸也是了如指掌。二人虽是初见，但类似的工作经历让两人倍感相见恨晚。

“罗书记，这次我过来，借枪是一方面，更重要的是向你借借游击队成立、作战的经验。我刚刚回到浏阳，还得请你多指点。”看看时间不早，王首道道明来意。

“不用担心，你在祁阳批斗恶霸土豪，也是头一遭，不是干得挺好吗？凡事动脑筋，没有跨不过的桥！去年8月我从浏阳回来只带了一支短枪，加上其他同志的三条枪，我们等于只有三支半。大伙齐心，先是夺了献冲乡警察所的七条枪。后来准备营救被捕的同志，集中了300多人，因为内应误事，只好撤退，化整为零，分散起事。如果说我有什么经验，那就是我从这件事上发现，这样几十人的分散活动更利于游击战。之后紧接着火烧长寿街警察所、智取沙眼桥挨户团、虹桥暴动、夜袭思村、策动黄金洞矿警队长等40人带枪起义，一路下来积少成多，平江便有现在的400多条枪了！”听着罗纳川逐一介绍着平江游击队的作战经验，王首道在羡慕钦佩中陷入了沉思。自己的游击队虽然只有一支枪，可总在原地转来转去是不是太不主动了？稳重和保守被动毕竟是两个境界，平江的经验确实太宝贵了，看来还是要发动群众配合，游击队孤军奋战是很难坚持下去的。

看王首道沉吟不语，罗纳川拉起他的手说：“我们两县情同手足。我们研究一下，再困难，也得支援你们！”

当王首道三人把20支枪藏进柴担中，一路从平江挑回浏阳时，李贞、张启龙等人欢呼起来，既感激罗纳川的慷慨，也对王首道的借枪之举深表赞赏。

“分手前罗纳川同志笑着对我说，这里一共20支枪，送给浏阳兄弟。这一支枪将来会变成10支，提前祝贺浏东游击队成功！”王首道向大家介绍着平江的经验和情况。

有了枪，人人摩拳擦掌，一心准备暴动夺取张坊团防局。在三首道的提议下，经特委研究批准，浏东游击队正式成立，分为三个队。

智救战友 三打张坊

初春三月，柳丝吐芽，地里的油菜花一片金黄。默默注视着油菜地中几只飞来飞去的燕子，王首道脑海中一直盘桓着游击队这第一次行动——攻打张坊团防局，会不会像第一声春雷，彻底带来浏东游击战的"春天"？游击一队队长刘少龄曾在这里的小学教书，熟悉环境。后来当过沅江县农运特派员，这次连夜发动了100多名乡亲，积极配合游击队，应该有足够的获胜把握。这第一仗太重要了，真的是只能胜不可败，胜则渐入佳境，败则前功尽弃。

行动开始了。深夜，洋油桶内的鞭炮被点燃，劈劈啪啪的鞭炮声撞在桶上，声浪扩大了好几倍，听上去就像密集的枪声。"杀！"刘少龄一声大喊，游击队员、群众齐声响应，呐喊声冲天。趁团防局里的团丁不知所措之际，刘少龄带人冲了进来，杀了三个团丁，夺了三条枪和配备的子弹。

此时的刘少龄，犯下了一个致命错误。原本初战告捷应该立即撤往山中，刘少龄却仗着自己对地形熟悉，不听党代表陈硕英劝阻，让大家在离团防局并不太远的黄泥槽纸坊休息。年轻的哨兵站立不久就打起了瞌睡。

陈硕英到底心里不安，因此入睡较晚。朦胧中听到房屋周围响声一片，急忙喊起众人快拿武器。刘少龄此时深悔自己的失误，房屋前后已是三面被围，便下令队员向后门撤退，自己一个人守住前门。一阵混战过后，刘少龄和四名游击队员倒在血泊之中。陈硕英被捕后坚贞不屈，惨遭杀害。

祸不单行，游击二队也因缺乏经验行踪泄露，被打散了。队长冯义淳潜往江西，下落不明，枪支全失。

如此严重的后果真是始料未及，王首道此时只有一个念头，就是把第三队迅速组织起来，做好下一步工作。不能因首战失利，就此一蹶不振。值得庆幸的是，三队情况还算差强人意。沿路打了几次土豪，还夺到了一支手枪，自己的力量毫无损失。但即便如此，整个游击队也只剩了三队的七条枪。一下子丢了 13 支枪，大家的情绪都低到了极点。经和张启龙、李贞商量，决定保存实力，把现有的七条枪先埋藏起来，游击队再一次转入地下活动。

虽然被再次嚣张起来的团防局逼得东躲西藏，但游击队依然暗中筹划着下一次的行动。1928 年 3 月 16 日，平江爆发了罗纳川等人领导的“扑城暴动”，王首道和张启龙、李贞再次商量，机不可失，最好先把埋藏的枪支取出，再想办法弄到一些枪弹，赶快恢复游击队。但 7 条枪肯定远远不够，到哪里再去弄呢？张启龙说从江西过来时，知道那里的排埠买枪很容易，30 块光洋一支。在黄茅养病时，对当地土豪劣绅的家当进行过了解，这次行动是就地先打土豪，再夺钱买枪。

有了以往的教训，大家不敢迟疑，当夜取出枪支，准备次晚到江西黄茅集中。

没想到第二天早上，张启龙正准备回家料理一下即刻出发时，走在街上被团防局的人当场认出其为“十大暴徒”首犯，突遭被捕。

屋漏偏遭连阴雨，王首道半天没有说话，游击队员人人心急如焚。一个计划刚刚开始便遭遇意外，敌人的凶残恶毒尽人皆知，怎么办？无论如何也不能坐视战友被杀。王首道脑海中闪过一个个救人场面，最终锁定《水浒》中的杀场救人一折。

人命关天，拖延不得。不巧的是“一劫人犯”失误——游击员在大路上埋伏时，发现有两个团丁押解一犯往城里走，解救之后才发现是一位农会干部的父亲。救出了这位老人，大家更焦急了，此举无异于打草惊蛇。

李贞带人经过一番侦察，发现张启龙还被关押在团防局，并听说“上面”的态度是活要见人，死要见尸。为防张启龙突遭毒手，共同商定“夜半劫牢”。

好在群众基础一直不曾动摇，于是再次借助大批百姓力量，还从小学校里借了两把铜号。夜幕沉沉，13 个人七条枪冲进街口，分散在四处的群众喊杀声震天，两支铜号吹响进攻的曲子，七支枪同时开火……看押的团丁平时只会欺负善良的百姓，哪见过这样“大兵压境”的阵势？本想杀死张启龙请功，却害怕外面越来越近的喊杀声，终于和团防局的其他团丁一起逃跑了。

张启龙获救，眼中闪动着激动的泪光，紧紧拉住王首道的手说：“我张启龙，感谢全体游击队的同志拼命劫狱救我，给了我第二次生命。为了感谢同志们的救命之恩，我以后要改名为张复生，以示不忘！”（“张复生”一名后来成为张启龙的“曾用名”）

“劫张事件”发生后，震惊湖南，消息出现在长沙省报重要位置上，捉拿张启龙归案的风声越来越紧。

浏东游击队并未因此妥协，到江西“借钱买枪”如期完成。在积累了一定的暗中作战经验后，一连除掉了张坊小学几个败类、火烧李大家屋、处决团总恶霸孔昭四，为地方上除掉几大祸害，并打开粮仓，让附近群众把几十石谷子挑走。

这个时期，王首道结识了进步女青年王绍坤。婚后王绍坤追随王首道，成为一名女游击队员。

游击队不断壮大，开始计划“三打张坊”。

“水浒传里梁山好汉三打祝家庄，我们这一次是三打张坊了！”看大家不解，王首道解释说：“‘一打’战后不慎，没能及时撤离，牺牲了刘少龄等同志；‘二打’是杀了张坊小学那几个坏教员；现在我们人多了，要‘三打’，彻底消灭团防队。这回一定要打好，要‘智取’张坊。”

又是秋收时节，侦察人员回来报告说，团防局怕今年再来一次

“秋收起义”，晚上都睡在街道屋檐下，天亮才回团防局洗脸、吃饭。

“看出什么破绽没有?”王首道追问着。

“我看见的那一阵子最乱，他们懒洋洋地先把枪送回宿舍，才一个个挤着去上厕所、拿毛巾洗脸。”侦察员笑着说。

“最乱的这一刻，不正是最好的机会吗?”王首道反复揣摩着这几个字，最终把动手时间“定格”在这一刻。

张坊桥头，天已经大亮，街口行人渐多，不少挑箩筐的短工三五成群地吆喝着找活干。一顶花轿在一片锣鼓喧天、鞭炮齐鸣中，伴着阵阵俏皮悦耳的唢呐声四平八稳地抬了过来，从轿窗中隐隐约约可以看到里面坐着一位头遮红盖头的新娘子。送亲的队伍足有四五十人，兴高采烈地一路吹吹打打过了岗哨，还不忘把几包“喜烟”递给站岗的哨兵。

团丁们拥在伙房前，紧张了一夜，一看天亮没什么事，便随着唢呐声哼着小调准备好好吃顿早饭。刚把枪放回宿舍，还没吃上饭就听到一声枪响，送亲的人纷纷从花轿下拿出枪支，短工们也取出箩筐中的“家伙”……不消10分钟，团防局的团丁逃跑一空。王首道和张启龙冲进团防局，缴获了几十条枪和一些物资后，和送亲的李贞及“新娘子”王绍坤等会合，马上撤了出来。

“三打张坊”再次上了长沙的报纸。在此基础上，中共浏阳县委正式成立。张启龙担任县委书记，负责游击队武装工作；王首道担任县委组织部长，负责县委日常工作。在武装斗争的配合下，全县抗租抗税活动逐步展开。

至此，王首道从单纯的武装游击战争转入党群组织工作，在群众的掩护下出入于白色恐怖中，于1928年下半年全面负责浏阳县委工作。1929年4月，遵照湖南省委指示，王首道从浏阳县委调往湘鄂赣特委，经选举，当选为湘鄂赣特委书记，正式将名字“王守道”改为“王首道”，意为将人生道义放在首位，从此一直沿用。

乃馨寄语：循着爷爷的足迹，我的父母也几乎跑遍了爷爷曾经战斗过的山南海北，我和他们一起感受着爷爷当年的收获、磨难与辛酸。长沙、广州、祁阳、浏阳、江西……哪一片热土不蕴藏着爷爷的足迹、智慧和汗水？至今祁阳太和堂乡还流传着爷爷等前辈们逃过劫难的传奇经历。

这3年间，虽然不是大的战役，只是农民运动和游击战，但爷爷却经历了那么多的打击和磨难。爷爷后来在回忆录中把那段历练比作“一块淬火的钢”，既经受了白热化的炉火，又顷刻间沉浸到冰冷的水中……正是这样的“冰火两重天”让年轻的爷爷经历了巨大的考验，逐步成为时代熔炉打造出的一块“好钢”。

打开祁阳县志，透过密密麻麻的文字记载，20世纪20年代轰轰烈烈的农民运动仿佛电影回放般呈现在眼前：……8月，雷晋乾辞去特别支部书记，担任县农民协会委员长和农民自卫队总队长，推荐王首道担任特别支部第二任书记。是年冬，王首道与李镇球等在罗口町发动了震动湘南的减租减息和反土豪劣绅的斗争。1927年3月，经王首道推荐，李镇球担任中共祁阳特别支部第三任书记……

祁东县志中也有着同样的记载。

爷爷是个非常重感情的人，他的秘书于霞夫曾著有《永远的记忆》一文，记录了爷爷建国后专门回到祁阳追怀往事的情景。当年为了保证爷爷安全离开祁阳，李镇球爷爷付出了很大代价——父亲因残致死，母亲哭瞎了双眼。经过徐特立爷爷的授意后，他本人留在家乡用另一种方式抗日。解放后一心从教，后来病倒在岗位上。1950年，湖南省解放后，他一直坚守在教育岗位上。他认为教育是国之根本，是为国家培养有用之才，因此为了祖国建设一直奉献到生命的最后一刻……爷爷认为他是真正的教育家！他出身贫苦家庭，早在1924年入党。早在中学时代就是五四运动的学生领袖，被反动政府清出校门后，1921年又考进了湖南大学政治经济系。这期间世界观发生了根本变化，从此坚定不移地走上了救国救民的革命道路。每当想到祁阳那段不寻常的岁月，爷爷都称赞李镇球在协助自己工作期间，讲演很有煽动力，加上对当地情况很熟，又腿脚勤快，而且读过很多书，工作起来很有成果。爷爷曾坦言：如果没有李镇球，王一分是无法虎口脱险的，根本不会有今天！

“书店脱险”那一折的惊险也丝毫不逊于祁阳，想来还是爷爷平静、谦逊的表情让人难生反感救了他。游击战中，一次次的失利打造出一个身经百战却永不言退的革命者。爷爷是个低调的人，吃过的苦不夸张，做过的事不张扬，永远的从容平和折射出一种人格风范。很小的时候，和爷爷下棋时，我就深深感受到了这一点，人生的输输赢赢中，那是一种胜不骄、败不馁，得而不喜、失而不悲的绝代风范。如果说人生如棋，而抛开物质所得爷爷又是赢家的话，那么他赢在棋外。

如果说因叛徒出卖痛失新婚爱妻王绍坤是难以言喻的切肤之痛，那么肃反中这种更加尖锐的矛盾，让一颗年轻的心蓦然间经受了无可回避的“百炼千锤”……从独立思考到冷眼旁观，从服从命令到坚决抵制，王首道步步荆棘地走过了这段永难释怀的灰色年华。

四、湘赣之路

1930年7月30日，随着红三军团占领长沙，湖南省苏维埃政府在长沙成立，主席李立三，副主席杨幼麟、彭德怀、李宗白等13人为委员。因李立三一直因故未能到职，中共中央下达正式文件，湖南省苏维埃主席由协助后勤的行动委员会主任王首道以“王一分”的名字代理。

8月初，国民党军队开始反扑，形势逆转，此时的省委，实则成为设在白区的地下组织。省委驻地对外身份是王首道与王绍坤夫妇一起经营的一家米铺。不久，因叛徒告密，全体地下工作人员分头撤离，原本以为夫妻间只是暂时的分离，谁料此次一别，竟成永诀。王绍坤和堂妹王绍兰同时被捕遇难。匆匆话别时，王绍坤晶莹的泪光，很多年后成为王首道心中的痛。

王首道的撤离同样不顺利，他和省委委员刘格非等人装作互不相识，一起乘上开往常德的汽车。坐在车尾的几个人表情专注而紧张，一望便知不是普通的乘客。王首道没有正眼看他们，故意坐在车首位置，心里默默盘算着如何脱险。两个小时后，经过一个小镇时，司机停下车招呼大家上厕所，王首道第一个跳下车来，刘格非也跟着下车。

“那个就是王首道！共产党！抓住他！”跟踪的特务终于认了出来，大喊着跳下来。

多年练就的脚力很快就将两个特务甩出二三百米远。回头一看，刘格非跟在身后，体力似乎有些不支，特务依然穷追不舍，距离越追越近。王首道心里明白，自己目前的身份是条“大鱼”，特务们紧追不舍的是钱和日后的官位。想至此，掏出随身携带的十几块银元，边跑边撒，故意将银元分散开扔在地上，几十米一块，这样特务只能是跑一阵捡一块，后来还争夺起来要掏枪。王首道二人终于趁此机会逃离了魔爪。

中共六届四中全会后，中央认为赣西特委在工作上、组织上、作风上存在问题较多，必须加以改组。加之当时的湖南省委因原省委书记宁迪卿被捕叛变，遭到了严重破坏，为迅速恢复并发展湘赣地区工作，决定成立湘赣省委，任命王首道担任湘赣省委书记，甘泗淇任宣传部长。

从上海出发前夕，周恩来在一个旅馆中和二人进行了一番长谈。“首道同志，你们这次到湘赣开展工作肯定会遇到不少困难，不过你从农讲所学习入党，到祁阳、浏阳的农运和游击战工作都是很有成绩的，也积累了一定的工作经验。你是个善于思考和借鉴的人，我相信你到了湘赣，同样会把工作做得很细致。这次你们先去苏区中央局，听取中央局对成立湘赣省委有关工作的指示，同时中央局还要指派其他省委委员，这样大家一起配合，你的工作才好开展。泗淇同志和你一起去我很放心，你们在路上和今后工作中还可以有个照应……”周恩来说完拿出一份中央关于决定成立湘赣省委的文件，郑重地交在了王首道手中。

湘赣临时省委成立后，于 1931 年 10 月 18 日召开了中共湘赣省第一次代表大会，王首道主持会议。通过选举，时年 25 岁的王首道当选为省委书记。在随后召开的湘赣第一次苏维埃代表大会上，湘赣苏维埃政府正式成立，袁德生任主席，张启龙、彭德怀任副主席，胡耀邦任省儿童总局书记。

改选组织、分配土地、驱逐反动豪绅家属、贯彻经济政策、“扩红”等军事管理工作迅速开展起来。

这一时期，制定了赤色工会、雇农工会、互济会、反帝大同盟、贫农团、妇女代表会暂行组织法；到 1931 年底基本完成土地平均分配工作；为贯彻经济政策，大部分地区开始征收累进税，建立了财政经济委员会，对苏区经济的整顿和各项开源节流起到了明显的作用；军事上正式组成了湘赣总指挥部，进一步加强了地方武装，动员大批群众担任骚扰敌人、构筑工事、流动警戒、支援红军等各项战勤任务。从第一次党代会到 1931 年底两个多月时间，全省群众共缴获枪支达 200 多支……

此外，妇女工作、白区地下工作、俘虏教育工作也齐头并进……王首道夜以继日地忙碌着，到 1932 年上半年中共湘赣省委召开第一次执委扩大会议时，全省党员已发展到近万名，基础性工作有条不紊，为配合前三次反“围剿”做了大量地方性工作。

岁月如梭，转瞬间已是 1933 年初春。行走在城镇乡间，那一抹抹的新绿非但没能带给人季节的喜悦，反而略为料峭的春风吹来，让人不自禁地打上一个冷战。王首道反思着这几年走出农讲所后，打土豪、脱险借枪、成立浏东游击队三打张坊，一次次生死较量中似乎形成了一种惯性——成功的喜悦背后总也抹不掉一次次因经验不足带来的遗憾与挫折。湘赣工作开展得的确不错，但似乎隐隐约约中潜伏着什么令人不安的“变数”。上面几次会议的思想倾向，让人担心，湘赣肃反工作中因保护了若干蒙冤同志而被指责为“右倾消极”。难道我们的队伍中真的有那么多“AB 团”分子吗？

“谁是‘AB 团’分子？哪来那么多‘AB 团’分子？这是你刘士杰

公报私仇!”沉思中的王首道被一阵吵闹声惊回现实。天色将晚,苏维埃工会委员长刘士杰正带领几个人押着一名战士走过来。

“王书记,遇见你太好了!”被押解的战士大喊着,指着一名押解人员说,“王书记,‘AB团’到底是什么组织?下午我正站岗就不由分说被带过来,一路上就开始逼我承认是‘AB团’分子。我现在也没搞清楚什么叫‘AB团’。王书记,你是个讲道理的人,听听他怎么说!”王首道听罢转头看着刘士杰,类似的事情这段时间已有耳闻,这次算是碰巧遇上了。

“那你们说说,什么叫‘AB团’?‘AB团’的人到底都做了些什么?”一向平和温婉的王首道一旦目光犀利起来,有种不怒自威的强势,这些人被盯得有些心虚,说话开始语无伦次。

王首道继续追问着,回答者结结巴巴,说不出所以然,众人愣在当场。

“听着,‘AB团’的名字来自英文‘反布尔什维克’缩写,全称是‘AB反赤团’,1927年成立,是北伐时江西的国民党右派组织。他们的目的是打击共产党和国民党左派。这个组织成立了最多三个月,解体后并没有听说重建,方方面面也没有它仍然存在的真凭实据。我们当然不能放过坏人,但处理一个人必须要有真凭实据!这件事省委一定要追查到底!”多日来的积郁、忧愤袭上心头,王首道怒斥着。这伙人灰溜溜地走了。

尚未来得及处理这一事件,中央局的一封电报更令人难以置信。电报内容直指省苏维埃主席袁德生,要求湘赣省委立即将其逮捕。赫然在册的还有省委干部刘其凡、李天柱等人。

王首道深深地踌躇了,袁德生工人出身,老革命了,参加领导过的安源工人罢工可以说举世闻名。这样的人如果也成了“AB团”分子,恐怕共产党队伍中找不到清白之身了。类似的指令不时下达,换了别人可能还需要调查一下事实依据,但袁德生事件明显让人感受了一种政治上的忧虑。正直的袁德生肯定是得罪了上上下下的某些人,才遭到这样的报复。服从还是拒绝执行?

夜深了,躺在床上又穿衣下床,慢慢踱至户外,清冷的月光下,看到张启龙房间的灯还亮着,便推门走了进来。

“启龙,我们兄弟俩多余的话就不用说了。我睡不着,袁德生是老同志了,刘其凡、李天柱也是好同志。这次上面下令让我们逮捕执行,我不仅仅是想不通,而是根本不想执行了。湘赣根据地走到今天不容易。记得在农讲所的时候,朋友和敌人的概念已经讲得很清楚,究竟谁是我们的敌人,谁是我们的朋友,这肯定是一个首要问题,我们应该搞清楚再执行。”王首道开门见山地说。

“不说我也全明白,这件事就是个我们怕不怕的问题,撤职丢命总比丢良心好得多!首道啊,我这条命原本就是三打张坊时,你和同志们拼死救下来的。多活这几年其实就是你们帮我捡回来的。这回就是再死一遭,也早值了!我无所谓,你顶得住,我坚决支持!”王首道感动了,老战友的一番肺腑之言,正是自己想说未说的心里话,是的,丢官丢命总比丢良知好!两只大手紧紧地握着,东方的天空已是晨曦微露,霞光隐现。

接下来又有人乱供王恩茂、胡耀邦、张平化等人是“AB团”分子。此时的王首道不再犹豫,一律抵制并加以保护。

王首道清楚,这种抵制和保护换来的仅仅是“山雨欲来”前的片刻宁静,暴风雨始终要暴发,等待自己的是什么,既难以预料又可想而知。

久久地徘徊在郊外。天空,那一大片灰蒙蒙的乌云欲去还休地盘挂着,不晴不雨。湘赣各县的肃反委员会已是愈演愈烈,有些肃反委员会的委员或主任也随时可能成为“AB团”分子。工作中有人稍显消极或略有微词即被视为“AB团”分子。

“唉!这样的气候什么时候结束?”王首道暗自叹息着。不久前自己和张启龙力保袁德生等人，算是让刘士杰抓住了把柄，这几天不见人影，大概又到中央苏区搞"汇报"去了。此时已跻身湘赣省委候补常委的刘士杰，反过头来用"AB团"的罪名已把当初为他效力的工人纠察队除掉，因为他们掌握了太多的东西。

"不管那么多了，该来的必定要来。"王首道默默地对自己说。

1933年2月，刘士杰的"小报告"快速奏效，中央作出《关于湘赣省委的决定》，内容为改组省委，撤销王首道的省委书记职务，任命刘士杰为省委书记。张启龙当然亦未幸免。

这一决定在中共湘赣省委执委扩大会议上正式宣读，嗣后便顺理成章地演变成对王首道、张启龙的批判大会。刘士杰和他的"搭档"陈洪时暗中为两人罗列了数条"罪状"。首先是肃反中对"AB团"宽容放纵，对袁德生、刘梦凡、李天柱等"AB团"分子拒不执行逮捕任务，对逃跑的朱昌偕、左娜等"AB团"分子听之任之，不予缉拿归案；其次是湘赣军区总指挥张启龙曾释放国民党方面一名团长，这是敌我立场问题……接下来是编造得相当"离谱"的罪名，如分宜战斗失败、"扩红"不力，众人听得莫名其妙，开始摇头。

终于轮到王首道发言了，他慢慢合上手中的笔记本，坦然地把一支自来水笔放在桌上，轻轻按住尚在滚动的笔杆。王首道只平静地说了8个字："清者自清，浊者自浊。"会场上一片沉寂，众人纷纷把目光转向刘士杰。陈洪时刚要开口，张启龙腾地站起来："该我说几句了！先说后几条，分宜战斗失败说白了是'左倾'错误闯的祸，不分条件盲目乱攻，不失败才怪！而且上面的命令我们怎敢不遵照执行？至于'扩红'不力更是瞎扯！那么多人得了烂脚病，只能说明战斗力减弱，跟扩大工农红军有什么关系？哪个朝代的队伍百病不生？还有那个国民党团长的问题，这是我们在分宜战斗中抓获的俘虏，当时我们物资这么紧张，他答应提供1万多大洋还有西药和布匹，我们才决定放人。这是个策略问题。尤其是湘赣药品、棉布这么紧张，用一个敌方团长换点物资有什么不对？难道看着我们的战士群众挨冻得病就对了？只有抵制逮捕‘AB团’分子，我表个态——我非常后悔，不是后悔没有逮捕他们，落得今天引火烧身，而是抵制得太晚了！让那么多的好同志、好群众死于非命，我们对不起他们！我相信首道同志也是这个想法。”言毕指着刘士杰等人：“肃反！你们肃的是什么反？他们和大家一起拼命打下这片湘赣苏区，谁能想到会落得这样的结果？干革命首先要分清敌友，我们真正的敌人在哪里？大家得瞪大眼睛看清楚啊！”话音未落，会场上竟响起稀落、谨慎的叹息声。

数日后，当省委宣布刘士杰为省委书记时，立即招来一片强烈的反对声，群众意见接踵而来。几天后“上边”的指示传达下来，由陈洪时临时代理书记。

4月的一个下午，袁德生特地来到基层找到王首道，说保卫局那边有人要请客一起吃晚饭，看王首道正忙着手边的事，便打了个招呼匆匆走了。

数日后得到消息，袁德生、刘其凡等十几人已遭秘密逮捕，在“中央大员”的“关照”下，在经过长时间的审讯折磨后全部被处死，年仅40岁的袁德生未能幸免。

陈洪时的奸诈、恶毒、自私，比起刘士杰犹有过之。代理书记不到三个月，即招致反对声一片。众怒难犯，1933年5月，中央委派任弼时前来湘赣接替陈洪时。

撤职后，王首道被下放到袁州、永新一带从事基层工作。快入夏了，田野间已是金黄着绿，布谷声声。原本在穷苦人家长大的孩子，虽然衣食不济、手脚生疮，还不时发作疟疾，但从拒绝逮捕袁德生等人的那天起，这样的结果早已是意料之中，因此再苦的日子也比背上良心的负疚要好得多。

天有些旱，气候逐渐干热起来，和很多当地人一样，王首道手脚生疮并生起了疟疾，忽冷忽热、全身发抖。朦胧中，想起为供自己读书节衣缩食、日夜苦干的父母兄长，想起为追随革命牺牲的王绍坤，想起农讲所时的“宝塔图”，想起祁阳农运中将自己高高抛向空中的那几十双大手，想起“肃反”中遇害的那些战友……袁德生来了，王绍坤来了，很多人来了，可是为什么来了又走了呢？

“绍坤，绍坤……德生同志，快逃！越远越好！”仿佛有什么东西卡住了喉咙，想大声喊却喊不出来，他拼命挣扎着，冷汗浸透全身。

“首道、首道同志，快醒醒！”女性温柔清脆的声音响起来，将昏迷中的王首道唤醒。

“你是？”王首道睁开眼，挣扎着坐起来，用手按住眩晕的额头搜索着记忆，一时想不起在哪里见过。

“我是任弼时的爱人陈琮英，这次他来接替陈洪时担任湘赣省委书记。是他叫我来看看你，打听了不少人才找过来。你病得这么厉害，我晚上就和弼时商量接你回去，有些问题还要澄清。你和张启龙的问题，弼时已经在听取意见，他会认真对待的。你病得太厉害了，这几块银元你先拿着，赶快抓药治病。”陈琮英边说边掏出几块银元递过来。王首道有些泪眼模糊了，自己落到这种境遇竟能得到任弼时夫妇如此的关照。任弼时的品行学识素有耳闻，这次也许真的能为自己，不，为那些冤死的战友讨个公道。想至此，顿感酸痛的四肢轻松了很多，思路也逐渐清晰起来。

湘赣省委调查研究会议上，初见任弼时，王首道虽只隔着众人向他点了点头，但任弼时目光中的那抹睿智、沉稳与笃定让人顿时安下心来。

慢慢坐下，习惯性地再次听到刘士杰、陈洪时等人如法炮制地历数王首道、张启龙的错误，之后便是主张开除王首道党籍，将张启龙认定为反革命，交保卫局“法办”。

没等陈洪时说完，负责军区工作的王震站起来直接打断他：“同志们都长眼睛了！说他们两人是反革命我们想不通！更不同意！认定谁是反革命也不是你们一两个人说是就是的！湘赣苏区走到今天不容易，前三次反围剿、扩大武装、筹备军费、发展经济、保障前线粮棉供给，哪一样不是他们辛辛苦苦做工作换来的？首道担任湘赣省委书记期间，反围剿歼敌近 10 个团，党员发展到 3 万人。地方武装发展到 13 000 多人，其中红八军 3 000 多人。根据地扩大到 11 个县和一个中心县委，人口越来越多！这些工作你们做做看！

"说到'肃反'问题，自去年春天我从中央苏区参加全苏大会回来，就传达了反对'肃反'中的扩大化、简单化意见。其他人先不说，单从王首道、张启龙两个人的问题上来看，'AB 团'现在成了一些人打击报复、实现个人目的的借口！要不是弼时同志来了亲自把张启龙从保卫局放出来，说不定这个人现在已经被任意'处决'了。弼时同志，王首道、张启龙是什么样的人，这几年做了哪些工作，什么人品，我们都清清楚楚！不相信我们的话，也可以到战士中、群众中去打听打听。"除了陈、刘等人，会场上几乎所有人都表示赞同。

任弼时面色凝重，示意大家平缓一下激动的情绪，严肃地说："大家的意见我都听清楚了，省委工作没有想象的好做。我主持的新省委也未必不犯'左'的错误。但王首道和张启龙都是好同志，绝不是反革命。尽管工作中有些缺点和错误，但这是难免的，他们在湘赣省委工作的这几年完全是有成绩的，对敌斗争更是非常英勇。工作做到这个程度，他们已经尽了全力。对他们，我个人的意见是基本肯定的。至于处理结果，我还要向中央汇报，听取指示。"

数日后，中央苏区意见下达，依然是王明、博古等人的"左"字当家。王首道被撤职的事一字未提，张启龙则被开除出党，判刑一年零两个月。后在任弼时、王震的关照下，仍随红六军参加了长征，并在长征途中恢复了党籍。刘士杰在长征途中叛变致死；陈洪时于 1935 年 6 月叛变，将省委密电码、军用地图、文件、公章及枪支弹药一齐交给了敌人，并供述了湘赣红军游击队的全部情况，带领国民党军队围剿游击队，使这支红军游击队损失惨重，不得不转移。从此，10余年的时间，中共游击队几乎没有在东桥、广寒寨一带活动过。陈洪时后在江西靖安骑马时摔死。

3年后，当王首道、王震、张启龙三人长征胜利在延安相见时，不由自主地说起湘赣经历和刘士杰、陈洪时的叛变致死，张启龙说：“我们还健在，这是历史的考验，也是真假革命最好的历史证明！”

会后，任弼时和王首道促膝长谈，王首道毫无保留地把几年来湘赣工作心得如数托出，因为他坚信，任弼时完全有能力把湘赣省委工作做好。

1933年底，第三次党代会后，王首道提出要到中央根据地去工作，并向党中央提出了申请，得到了任弼时的支持。

带着以往深深的伤痛和对未来的深切祈盼，王首道离开湘赣，来到了中央苏区，开始了下一段的人生旅程。

乃馨寄语： 这段经历是营救刘志丹爷爷前第一次的“刀下留人”。二十几岁的爷爷在阅历尚浅而政治上却风起云涌的大环境下，何去何从？如果人生没有对错，只有选择，那么爷爷的选择真难！执行命令不知多少颗人头落地，不执行命令即刻引火烧身。人生的风风雨雨中，为人还是为己成了无私与自私的分水岭。

反“围剿”、分土地、肃反、发展经济，一切都在错综复杂中交织进行着。爷爷是善良的，宁肯丢掉省委书记的职位也不肯草菅人命。

“肃反”在近百年后的今天听起来依然令人费解和感叹，党的成长确实历经了一个从幼稚到成熟的过程，并在这个过程中付出了极大的代价。

《毛泽东选集》第5卷中关于“肃反”有这样一段话，爷爷一直持赞同态度：有右倾思想的人不分敌我，认敌为我。广大群众认为是敌人的人，他们却认为是朋友。有“左”倾思想的人则把敌我矛盾扩大化，以至把某些人民内部矛盾也看作敌我矛盾，把某些本来不是反革命的人也看作反革命。这两种看法都是错误的，都不能正确地处理肃反问题，也不能正确地估计我们的肃反工作。

在爷爷最苦闷的日子里，除了少数人的别有用心外，还是得到了绝大多数人的同情与支持。张启龙爷爷的抵死认同、王震爷爷的拍案直陈、任弼时爷爷的理解肯定……在很大程度上折射出特定历史条件下一个个人物的人格光辉，爷爷和他的老伙伴们都是如此正直无私！

这个时期，爷爷是不幸的，痛失爱妻、撤职离去；但爷爷又何其幸运！可以说，是革命者友情的人性光芒，是同行者的坦荡无私，照亮了爷爷下一段的生命里程。

临行前毛泽东对王首道、刘向三等人交待说:“杀头不像割韭菜,韭菜割了还可以长起来,人头落地就长不拢了。如果我们杀错了人,杀了革命的同志,那就是犯罪的行为。大家要切记这一点,要慎重,要做好调查研究工作。”

五、陕北案件

“正月里,是新年,陕北出了个刘志丹。刘志丹来是清官,他带上队伍上横山,一心要共产……”阵阵歌声穿过陕北晚秋的萧瑟,回荡在通往瓦窑堡的大道上。王首道骑在马上侧耳倾听着,纯正的陕北信天游,高昂、激越、苍凉中带着一抹令人顿生酸楚的惆怅。

“余音绕野”只因不是一个人在唱,是田里耕作的农家一齐在唱,此起彼伏……这就是应当被“肃反”的反革命?时任国家保卫局执行部部长的王首道整理着思绪,心里反复掂量着此次的“刀下留人”行动。

自1933年从湘赣调到中央苏区,已是近两年时间。老师毛泽东的亲切安慰和工作中的收获与心得仿佛一剂止痛良药,让王首道从被撤销湘赣省委书记的压抑中迅速走出来,投入到新的工作中。

到兴国、瑞金等地经过一个多月的调查,一份集区域土地、经济、军事、扩红、战俘、游击形势、党群关系等多项调查结果、意见明确的报告递交给了中央,毛泽东对这些调查资料很感兴趣。

这份报告同样引起了中央组织局局长李维汉的极大关注,因此特意前来毛泽东处“索要”这个人才,不久便委派王首道担任中央组织局秘书长,嗣后很快进入二万五千里长征担任“红章”纵队政治部主任……

一个人两年多时间可以做这么多事，想想当年的袁德生、刘其凡等同志如果健在又能多做多少事？如歌声所唱，刘志丹，是陕北人民心坎儿中的清官！可以想象，失去刘志丹，对党不仅仅是失去一个军事人才，而是陕北地区的一大片“民心”！当年痛失袁德生等人是迫不得已，今天，不惜一切代价也要保护好刘志丹！历史的悲剧不能重演。

对于陕甘边区根据地的“肃反”问题，中央决定由董必武、李维汉、博古、刘向三、王首道组成党务委员会负责。王首道专门负责调查刘志丹案件，临行前毛泽东语重心长地说：“杀头不像割韭菜，韭菜割了还可以长起来，人头落地就长不拢了。如果我们杀错了人，杀了革命的同志，那就是犯罪的行为。大家要切记这一点，要慎重，要做好调查研究工作。”

想至此，更是心急如焚，不由自主地催马疾驰起来。

事态已是迫在眉睫，为防主审人员闻风“先斩后奏”，1935 年 11 月 5 日，王首道刚到瓦窑堡，来不及走访战士群众，就单刀直入，直接找到审理刘志丹案件的后方军事委员会主席兼陕甘边区保卫局局长戴季英。

“首道同志，这是刘志丹、高岗、习仲勋等人的‘反革命’证据，请你们过目。”似乎感觉出王首道的“有备而来”，戴季英没多寒暄便拿出许多案卷递过来。

翻开案卷，“右派”、“反革命”等所谓“证据”似乎言之凿凿，王首道等人拿出纸笔，快速记录着，戴季英面无表情。

天近黄昏，王首道合上笔记本，严肃地说：“戴季英同志，毛主席接到了一大批干部群众反映的情况，我们这次来是执行中央命令：刀下留人，停止捕人！当然这不意味着纵容真正的反革命。你提供的这些证据，我们要认真查实。在中央决定下达之前，不得对在押人员做出任何处理，并且不得虐待！在我们接管之前如果发生任何意外，你要负主要责任！”

“……知道了。但，他们真的是反革命，我们已经掌握了证据。”戴季英踌躇着回答。

“是不是反革命，我们都会调查清楚，这是我们的任务。”王首道回应。

窑洞中，一灯如豆，王首道久久地注视着从窗户纸中透进来的模糊的树影，对刘向三说：“我来之前就对刘志丹同志进行过了解，1925年入党，黄埔军校毕业。领导陕西渭南、华县武装暴动，后来又来到陕北开展游击战，是陕北这一大片根据地的创始人。多次成功反‘围剿’。尤其和徐海东共同指挥的劳山、榆林桥那两个大胜仗，一下子就消灭了敌方一个师、四个营，不是这两个大胜仗，中央红军落脚陕北压力就大了。难怪毛泽东经常提及‘陕北救了中央’，这样的人会是反革命？”

刘向三点头赞同道：“是的，不可多得的军事人才，我们明天一大早就开始调查。是到了中央救陕北的时候了。”

话音未落，外面响起轻轻的敲门声，王首道站起来打开门，没想到窑洞外已经黑压压地站满了人，足有上百。月光下仔细看过去，男女老少都有，还有不少战士。王首道见状忙招呼大家：“谢谢乡亲们、同志们对我们的信任，刘志丹同志的问题一定会得到解决，现在请几个代表留下来进窑洞谈谈，其他同志先回去休息吧。我们明天会到基层一一走访。”

“王部长啊，刚刚听说你来，早知道来的人会更多！自打老刘他们被抓走这一个多月，大家伙这里疼啊！”一位老人走进窑洞拍打着自己的胸脯，泪如雨下。王首道赶快拉过椅子请老人坐下，刘向三端过一杯水递给老人。

老人平缓了一下情绪，接着说：“打从老刘他们来了咱这里，乡亲们再没受过地主、土匪、国民党的气！他村村走、家家串，咱这一带有多少村、多少窑洞他都清清楚楚。他来那年正赶上我娃娶亲，半路上新娘让土匪抢了走。是老刘亲自带人打下土匪把人救了回来。媳妇受了惊吓，进门不吃不喝，老刘又找到队伍里的医生给看病。媳妇慢慢病好了，上个月生了个毛蛋蛋。给老刘报喜时才知道人给抓走了，俺一家商量好了，老刘一天不放回来，孙孙的满月就不过，叫啥名字也等老刘回来取！"

"叔，别扯自家事了，快和王部长说说怎么救老刘吧！"一个年轻人过来阻止老人。

一名战士说："王部长，咱的刘志丹同志是个顾全大局的人，他要不想被抓，谁能抓得住他？9月下旬那一天，刘志丹同志因公去瓦窑堡，半路上碰到传递命令的通讯员。通讯员不知底细，把信交给了他。他看完信后，十分冷静，为了不搞分裂，他把那封信交还给通讯员说：'你赶快把信送到军团部去，就说我去瓦窑堡了。'说完翻身上马，奔了瓦窑堡。一到瓦窑堡就被关押起来，连他的战马也被扣下了……"战士说不下去了，捂着脸无声地哭起来。

连续两天马不停蹄地调查走访，掌握了大量事实，事件已是水落石出。所谓刘志丹等人的罪状，一条都不能成立——指控刘志丹执行"富农路线"，是指他在土改中，对地主不搞肉体消灭，给富农留下生活出路；"捎山主义"是指他坚持农村割据，开展游击战争，不攻打大城市；而所谓"投降主义"则是指他在统战工作中团结国民党中的爱国人士……一路查访下来，发现上述罪证均为"反证"，刘志丹的种种行为都是在为开拓、巩固陕北根据地夯实基础，哪一条算得上"右派"和"反革命"？

该见刘志丹了。

一阵金属的碰撞声传来，"首犯"刘志丹手铐、脚镣加身，头发胡子遮住了脸，这个一手打下陕北根据地的"巨人"此时成了"野人"。

一个多月的暗室关押、刑拷并未摧垮他的意志，门一打开乍见光亮，眼睛霎时眯起来，旋即又恢复了原本的从容与刚毅。

“志丹同志，我们来了解情况了!”王首道上前轻声介绍着自己的身份和这次执行的任务。

“首道同志，谢谢你。这一个多月我想了很多，我承认自己是有错误的，组织审查是应该的。但我敢说自己是光明磊落的。红 25 军来到了陕北，对我们帮助很大，现在中央又派你们来，我非常高兴!我们陕北根据地又有希望了。”面对刘志丹的坦诚，王首道深深地感动了。吃苦受刑这么多，依然关注着根据地大局，丝毫没把个人安危、委屈放在心上！安邦治国太需要这样的人才了！

最后，王首道紧紧握住刘志丹的手说：“志丹同志，你受苦了！相信组织，一定会查清情况，给同志们一个公正的交待。”

11 月 7 日，王首道代表中央党务委员会宣布释放刘志丹、高岗、张秀山、习仲勋、马文瑞、张庆孚等 18 人。一时间陕北军民奔走相告：“咱们的老刘得救了!”“陕北得救了!”

中共中央随后举办释放刘志丹、高岗、习仲勋等 18 人的宴会，毛泽东、周恩来亲自出席。

毛泽东握着刘志丹的手风趣地说：“志丹同志，你受委屈了！但对一个革命者来说，坐牢也是一种考验，又是一种休息。”

周恩来也笑着说：“‘左’字号的监狱，也‘左’得出奇哪!”

毛泽东接着说：“陕北这个地方，在历史上是有革命传统的，李自成、张献忠就是从这里闹起革命的。这地方虽穷，但穷则思变，穷就要闹革命嘛！这里群众基础好，地理条件好，搞革命是个好地方呀!”

刘志丹高兴地连连点头，边吃饭边谈起了陕北地区的具体工作。

随后，毛泽东严厉批判搞“肃反”的人害了“疯狂病”。在批评戴季英时，戴季英为自己进行了辩解，仍然坚持刘志丹等人是“反革命”，一向儒雅温和、宽厚待人的周恩来怒不可遏：“像刘志丹这样的

‘反革命’越多越好，像你这样的‘真革命’，倒是一个没有才好。”

11 月 30 日，党中央对负责肃反的戴季英等人作出处理，撤销戴季英的职务，并给予党内严重警告处分。

不久，刘志丹被任命为西北革命军事委员会副主任、北路军总指挥和红 28 军军长。1936 年初，刘志丹奉命率军渡过黄河东征，战果累累。4 月中旬，在围攻山西中阳三交镇的战斗中，不幸中弹牺牲，年仅 33 岁。

噩耗传来，虽值仲春，陕北地区却一片凄风苦雨……当刘志丹的灵柩被送回瓦窑堡时，当地父老不约而同行起跪拜大礼。周恩来亲自扶柩送葬，毛泽东亲题“刘志丹将军墓”碑志，并题刻“群众领袖，民族英雄”碑石。周恩来题诗：“上下五千年，英雄万万千，人民的英雄，要数刘志丹。”朱德称为“红军模范”。

后人评价说，如果说直罗镇战役是在军事上为党中央把革命大本营放在西北举行了奠基礼，那么，正确解决刘志丹等人的冤案则是从政治上巩固了陕甘宁边区的苏维埃政权……

岁月倥偬，成长起来的共和国没有忘记这位“群众领袖，民族英雄”。2009 年 9 月 14 日，刘志丹被评为 100 位为新中国成立作出突出贡献的英雄模范之一。

乃馨寄语：2009 年秋天，当我获悉刘志丹爷爷被评为“100 位为新中国成立作出突出贡献的英雄模范”之一时，禁不住心头一热，爷爷泉下有知，亦当欣慰有加。

追随着爷爷曾经赶赴陕北调查这一冤案的时空足迹，我也在查阅着刘志丹爷爷那段时间的相关记载。温相著《西北“肃反”中的刘志丹》，引用了大量纪实作品和当事人员的回忆记录。

……狱中，陕甘边特委书记张秀山咬死不承认刘志丹以及陕甘边的战友们有什么“右倾取消主义错误”……再度提审张秀山，张几度昏死后仍旧激愤地说:“我死,没有问题!26军创造不易,它是许多同志用头颅换来的呀。”——张秀山《我的八十五年:从西北到东北》

1934年11月4日至6日,陕甘边工农兵代表大会在南梁荔园堡召开,与会代表一致推举刘志丹出任苏维埃主席。刘志丹谦虚地说:“搞政权建设和地方工作,我比不上仲勋同志。”——高文《南梁史话》

1935年11月30日,张闻天在瓦窑堡主持召开党的活动分子会议,刘志丹当众讲话:“这次肃反是错误的,我们相信中央会弄清问题,正确处理的。我们也相信犯错误的同志会认识错误、改正错误,团结在中央周围一道奋斗。”——罗迈《初到陕北》

……中共中央西北局作出对聂洪钧、戴季英的处分决定。但是,有人对刘志丹、高岗、张秀山、习仲勋等人依然抱着歧视的态度……不过,刘志丹并不计较这些,他说:“工作要紧,个人的事是小事。情况复杂,意见不一,自己再去追究,又增多了事情,引起不和,一切都要靠事实来作结论。”——刘力贞、张光《习仲勋与刘志丹的战斗情谊》

在陕甘边苏维埃政府成立以后,他曾提出制定一条法律……对干部,特别是负责干部,要求更严格,犯了纪律,犯了严重的错误,都要受处分。——习仲勋《群众领袖　民族英雄——回忆刘志丹同志》

……

读到最后,惋惜和泪水已令人无法思考,同时也感触着爷爷彼时的心情,那是一种痛失良友、为大局担忧的无限伤感。陕北人民心目中的“老刘”在“肃反”冤案得到昭雪不到半年到底还是去了,而且“老刘”不老,只有33岁。印象中这是一个“完人”——卓越的军事指挥才能、爱国爱民、顾全大局、严于律己、宽容坦荡……当1936年为纪念民族英雄刘志丹将军,而将他的家乡保安县命名为志丹县时,茫茫中华大地上、滚滚历史长河中,已是永远地记住了这个名字。

改革开放前夕，爷爷在奶奶和工作人员的陪同下再次来到久别的志丹县，和当地的老乡回忆起了几十年前的往事，说起当年走家串户的恩人“老刘”，大家禁不住泪眼婆娑。一位老乡还沿用着当年的老称呼，颤声说道：“王部长啊，好几十年了，咱知道，你来这里是因为和咱志丹县的人一样，忘不了老刘啊！打土匪、救穷人，为咱做了多少事！我们还记得您当年说过的毛主席的话‘杀人不是割韭菜’，这话咱们多少年都记得啊！”最后，老乡们又一起为爷爷奶奶唱起了那熟悉的信天游。

我由衷地为爷爷曾经为搭救刘志丹爷爷而付出过的努力倍感自豪！真想像小时候下棋时被爷爷指点了一个妙招时那样，说一声——爷爷，谢谢您！

杨家岭的窑洞里，毛泽东认真倾听着，深思着，慢慢说道："你们提出一个名单来，凡是过去搞错了杀错了的，都应平反昭雪，恢复名誉！我们应该给死者一个交待！"

六、延安二事

岁月如风，匆匆忙忙的时光流走中已是1938年除夕。几年过去了，岁末回首，工作尽管紧张、忙碌，却满载着前所未有的充实与宁和。

刘志丹冤案解决后，王首道被调往红十五军团任政治部主任。该军团是由鄂豫皖苏区的红二十五军为主改编而来的。1937年七七事变后，王首道被调到党中央办公厅工作，职务上先后为副秘书长、秘书长、办公厅主任、秘书处处长，工作内容一直是负责中共中央机关的经常性秘书工作，包括文电收发、保管、会议筹办与记录、行政管理等机关事务工作。

除夕下午接到通知，毛泽东邀请王首道、张启龙、谭余保三人到家中作客。王首道在办公室结束了年前工作，雪意蒙蒙中听着一阵阵此起彼伏的鞭炮声，走出户外，准备赶往杨家岭。

年夜话昭雪

当一行三人来到毛泽东位于杨家岭的一所窑洞时，主人忙放下工作，脸上沉思的表情尚未完全退去，便笑着招呼三人落座："快坐！一年了，也没抽出时间和你们多谈谈，只好赶在这大年尾了。到延安这几年，你们工作得很好，同志们背后也常夸你们呢。今天找你们来，是想请你们谈谈湘赣苏区的事。在六届六中全会上，我就忘了把张启龙同志的问题讲一下，这次我可要认真听听，有些事不能一拖再拖。首道同志，你曾经是湘赣省委书记，你先说。”

原本以为只是谈些日常工作，没想到会再次提到湘赣问题，王首道有些激动：“我们在湘赣苏区是有错误的，但我们犯的是‘左’的错误，不是他们批判的右的错误，我们是‘左’了！”

“对了，对了！就是这样，他们是说你们‘左’得不够，杀人杀得不够狠、不够多，就把你们打成‘右’。湘赣省委对你们的处分是错误的，我替你们平反了。现在你们再仔细和我说说‘左’倾机会主义在湘赣的祸害，我们要以史为鉴啊，可怕的历史不能再重演！”毛泽东叹息着。

张启龙也非常激动：“我张启龙是个直性子，活到今天已经是生生死死好几回了！从打张坊首道他们拼命把我救下来，再到‘肃反’中和首道一起拒不执行上边命令，被撤职开除，还判刑一年两个月，要不是任弼时同志及时制止，早就又死一回了！遵义会议后，第二方面军党委根据您和党中央的精神，恢复了我的党籍和工作，您又亲自把我调到延安来，我们的问题按说解决到这个地步，已经是再没话讲了。没想到今天您还提起这些事，真让人又高兴又心酸。心酸的是那么多好同志就这么又冤枉、又委屈地走了。”

“启龙同志说得对！我虽然被撤销湘赣省委书记，还受到严重警告处分，但这些毕竟已经过去了，人不能总活在‘过去’里。只是这几年，每当想起袁德生、刘梦凡这些好同志，心里都不能平静，反‘围剿’、发展湘赣苏区生产、支援红军，他们做了那么多工作，却早早地走了，他们‘走’得不甘心啊！”想起“肃反”中被迫害致死的战友，王首道说着眼睛有些红了。毛泽东神情凝重，轻轻点着头。

谭余保接着说：“我在 1934 年 8 月到 1935 年 6 月担任中共湘赣

省委副书记、组织部部长，并兼任湘赣省苏维埃政府主席。主力红军长征后，整个湘赣省苏区只留下五个独立团，装备也很落后。国民党当局趁机纠集五个师的兵力包围湘赣苏区。我和省委书记陈洪时率部逃出重围，敌人一直穷追不舍。几个月下来，部队只剩下 800 多人，仅有的一部电台也损坏了，我们和组织失去了联系……就是在这样的生死关头，陈洪时却叛变了！我听到这个消息惊呆了，在同志们面前骂了粗话，这个人真是无耻！当初和刘士杰一起陷害首道和启龙他们，杀了那么多人，在这你死我活的关口又叛变投敌，把省委密电码、军用地图、公章和枪支弹药全部交了出去！到现在我们的游击队几乎没在那一带活动过，损失太大了。我一直在想，即使他后来骑马时没摔死，我也会派人代表党和人民把他除掉。'肃反'的简单化、扩大化都是这些人推波助澜搞起来的，只会整人，别说军事才能和管理才能，就连对革命事业的忠心都一点没有，遇到困难就这么叛变了。那么多好同志如果在战场上壮烈牺牲可以说死而无憾，死在了这种人手里，真是死不瞑目！”

毛泽东认真倾听着，深思着，严肃地说道：“你们提出一个名单来，凡是过去搞错了杀错了的，都应平反昭雪，恢复名誉！我们应该给死者一个交待！”

三人互相注视着，几年来压在心头的一块重石仿佛瞬间被移开，战友被平反比自己受到嘉奖更让人倍感欣慰，这个年过得太有意义了！

看看外面日色将暮，窑洞外风雪弥漫，三人起身准备告辞，毛泽东热情地挽留着，一定要大家一起吃顿年夜饭。此时正是敌方军事封锁与经济封锁步步加紧的时候，延安物质生活相当匮乏，年夜饭也只是简单的红萝卜粗米饭，额外加了一盘红烧肉，但三人却吃得很香，只因为逝去的战友即将得到一个公正的身后肯定。

终于，袁德生、李梦弼、于兆龙、朱映华、曾毅之、刘秉常等一批在

“肃反”中被害的战友得以平反，中共中央宣布恢复其名誉并充分肯定当初的工作成绩。建国后他们被追认为烈士。

整风之“稳”

冬去春来，花开花落，延河水哗啦啦地日夜流淌着，不知不觉间便到了 1943 年初夏，女儿苏苏已经 5 岁多，小嘴特别会说，时不时提出些古怪可笑的问题让父母忍俊不禁。

晚饭后，王首道借着煤油灯的光亮看书，妻子易纪均在灯下整理着一套刚织好的灰色小毛衣。苏苏正拿着一小块红布用剪刀比画着，准备裁个红五星缝到小小的绒线帽上。

“苏苏放下剪刀，别扎了手。”易纪均对苏苏说。

“妈妈，苏苏要裁个红五星放到帽子上当战士，又怕剪不好，妈妈帮苏苏剪好不好?”苏苏过来摇着母亲的手臂。

“毛衣马上就好，让爸爸帮你剪。”母亲把女儿推到父亲身旁。

“爸爸一会儿再看书，帮苏苏裁红五星。”苏苏拿下父亲手中的书，把剪刀和红布递过来。

王首道笑着抱起女儿放在膝上，把红布在桌上铺平，拿起一张纸对苏苏说：“最好先用纸剪个五角星，然后再对着纸五星去剪红布。来，爸爸先教苏苏折五星，把这张纸对折，对折后一边再折到剩下的三分之一，这样再对折，把剩下的折过来，这样就变成一摞了，剪成斜直线出来就是漂亮的五角星……来，苏苏剪。”

咔嚓一声，苏苏打开五角星笑起来：“真好，五角星剪出来啦！苏苏这就把红五星剪好缝到帽子上，当小战士！还可以到保育院教小朋友。”苏苏按父亲所说，剪好纸五星后开始叠在一起裁剪着红布五星，还拿起针线来准备往帽子上缝。

“来，苏苏，试试毛衣。”母亲把整理好的毛衣拿过来。

“妈妈，红五星马上就缝好，我戴好给你们看！”苏苏回应着。

昏暗的窑洞里，苏苏穿上织好的土灰色毛衣，绒线帽上的红五星果然是个很好的点缀，让孩子看上去更加活泼可爱。苏苏穿戴好，神气地立正、稍息、正步走。夫妻俩高兴地看着，易纪均笑着叹口气："条件再艰苦也不怕，要不是审干出这么多问题，日子过得还是蛮开心的。"

"嘘！当着孩子不能乱说话。"王首道制止着妻子。

"启龙伯伯来了！"苏苏扑过去。王首道抬起头，看到张启龙正推开窑洞门走进来，从口袋里抓出一把炒花生，苏苏掀起毛衣下摆接着。

"吃吧孩子，伯伯好几天没舍得吃，特意给你留的。小毛衣穿着真好看，戴着五角星，还真精神。首道，我来找你谈点事，找个地方说。"张启龙开门见山。

看到这情形，易纪均忙牵起孩子的小手："你们就在屋里说话吧，我带苏苏出去走走。"

"我也想过很多，延安的这次整风运动，我认为初衷是好的，'左倾'流毒应该肃清，党八股、宗派问题也要查处，审查干部队伍是完全必要的。只是别像当年'肃反'那样，一旦走上简单化、扩大化的路子，就会伤及无辜了。"王首道边倒水边沉思着说。

"自打前年夏天担任中共中央机关事务管理局局长，到去年整风运动开始，我觉得同志们干劲都挺足的，没什么问题值得深究。康生最近却好几次找到我说要搞什么'抢救运动'，说是革命队伍中敌情严重，特务如麻，不同意搞的人就是没有敌情观念，弄不好还扣上'特嫌'帽子。特别是过去从事地下工作和白区来的同志，更是逃不掉，冤案、错案已经出了不少。如果说我们在湘赣的时候跟着'左'了一阵，现在我是拿定主意了，就是不听这套，一个不报，大不了再给我判一回刑，一次是扛着，两次也是收着了。刚刚给'肃反'中被迫害的同志平反不到五年，这阵风就又刮起来了！我下一步要去中央党校工作，组织上已经找我谈过了，临走前更不能拿人命当儿戏！"张启龙有些愤愤不平。

"纪均好像也正为这些事担心。启龙，我们在湘赣都吃过'残酷斗争、无情打击'的亏，这次审干工作我虽然一时还弄不清究竟，但我对自己负责的中办秘书处是有把握的。我的态度就是老老实实，怎么看就怎么做。秘书处的同志都是经过党组织严格审查和挑选的，每天都接触大量的核心机密，真是个别人有问题很快就会泄密暴露，可我们从没发生过这种事。因此我敢断言，他们都没问题！日常工作谁也难免有点过失，但不能捕风捉影乱怀疑。机要工作是'心脏'，关系到延安大局，如果内部不稳定、不团结，没事也会激出事来。康生抓不住什么借口，也不敢轻易插手我们这边的审干工作，却也暗示过，我一概不理。秘书处的工作太重要，容不得半点疏忽，我不能给同志们制造后顾之忧。这点我想主席已经注意到了，这种事不会拖太久。"王首道肯定地说。

王首道的判断没错，毛泽东及时发现了审干工作的偏差，并立即着手纠正。在经过大量调研、倾听各方意见的基础上，于 1943 年 8 月亲自为中央起草了《关于审查干部的决定》，提出"首长负责，自己动手……分清是非轻重，争取失足者，培养干部，教育群众"等九条方针，并指出，该方针同 10 年内战时期许多地方错误的"肃反"方针是根本对立的。"如果是被冤枉了的被弄错了的，必须予以平反，逮捕的宣布无罪释放，未逮捕的宣布最后结论，恢复其名誉。"同年 10 月，再次强调："一个不杀，大部不抓，是此次反特务斗争必须坚持的政策。"

后来听说康生曾派工作人员去陇东分区推行他那套所谓的"抢救"工作，回到延安时毛泽东已对审干中的偏差进行了纠正。康生听了汇报，竟翻脸不认账，居然说："谁叫你那样搞的?"该人气极，直指康生："国家，迟早要吃你这种人的亏！"

很多年后，在延安中办秘书处工作过的老同志，还在盛赞整风运动时中办秘书处审干工作之“稳”。

乃馨寄语：革命圣地延安，爷爷曾将其视为生命中的“珍藏”，因为在他后来的回忆录及回忆性文章中，多次提到在延安那个特别时期的“无价珍藏”，一大串名字在有关延安的回忆中交替出现着：毛泽东、刘少奇、周恩来、任弼时、陈云、李富春、徐海东、林伯渠、徐特立、周立波、陈郁、张闻天、叶剑英……

自打农讲所、农运、湘赣、长征一路走来，延安，应该说是爷爷生命历程中的“小憩”之所，虽然中办秘书处工作严格而紧张并历经“整风”，但却是爷爷参加革命以来最平稳的工作了，更在这个时期和奶奶结婚，从此共同携手走过了58个春秋。从提笔开始，我“第一次”替爷爷感受到了那种工作上备受信任、生活上有人照顾的宽慰，同时也感受着当时延安工作环境的艰苦与奋进历程。

同张启龙、谭余保爷爷一道，不忘故人，终于在一个年夜为屈死的老战友争取到了昭雪的机会。那一顿年夜饭，应该也是爷爷当年有生以来最“可口”的年夜饭，这既是生者对死者的安慰，也是生者对历史、对后人的交待。

说到延安整风，算起来已经是第三次刀下留人了。在饱受湘赣“肃反”之苦后，爷爷更加坚定了“留人”的信心。爱，是无言的。爷爷深爱、珍惜身边所有的战友、同志，对别人的无心之过总是宽容以待。我在很小的时候就发现爷爷对身边的工作人员交待工作时表情总是那么和蔼平静，从不疾言厉色。批评时总是把这个人叫到没人的地方悄悄说，而表扬一个人的时候却一定要当众大声宣布，正是这种鼓励与批评的“有机”结合，让多年来与爷爷一起工作的“团队”齐心协力、同心同德。那时的爷爷脑海中也许并未浮现过“和谐”这两个字，但他已经在自己的日常工作中，充分运用“和谐”，为自己、也为他人清扫着工作中的障碍。

想到爷爷不受康生“暗示”，再次保护同志时，再度为爷爷的善良、成熟、睿智而喝彩，尽管人生舞台上没有“脸谱”，好人坏人无法一望而知，但爷爷的所作所为，永远让后人觉得，爷爷，就是一个当之无愧的大写的人！

毛主席作报告时打过比方，他说："共产党有柳树的本领。"这话就是说，我们共产党就像柳树一样，随便插到哪里去，都可以生长发展。我们把柳树插到敌后去，插到全国去，柳树是生长最快最能发展的。毛主席还说：光是像柳树本质尚脆，不是十分坚固。所以共产党还要有松柏树那样的本质，因为松柏很坚固。斯大林同志说过，共产党是特殊材料制造成的。毛主席说共产党是柳树、松树合制的，团结坚强又能发展。

——王首道《毛主席要我告诉大家——南征途中对抗日军政大学分校学员的讲话》

七、南 下 之 旅

赤足破冰涉水而过、一场场日伪顽遭遇战、豫中父老的泣血哀叹、中原会师的欣喜、挺进华南的一路凯歌、突破重围后的截断敌援、重返延安时的回望河山……仿佛一幅幅满载时光印迹的组图，构成了"能战斗、会生产"的359旅南下支队在特定历史阶段，用生命和鲜血去开拓抗日根据地留下的绝代"画面"！

1943年初到1944年秋，日本侵略军打通平汉线侵占河南大片土地后，又进犯湖南、广西和福建、浙江沿海地区……1944年6月攻陷长沙，8月攻陷衡阳，10月攻占福州，11月先后攻占了桂林、柳州、南宁，华南新沦陷区数千万人民处于水深火热之中。为了牵制敌人兵力，配合全国各抗日战场进行反攻，中共中央作出重大战略部署，派遣八路军120师359旅组成"国民革命军第十八集团军独立第一游击队"，简称南下支队，其领导层是：司令员王震，政治委员王首道，副司令员郭鹏，副政委王恩茂，参谋长朱早观，副参谋长苏鳌、邹毕兆，政治部主任刘型，副主任李立。以717团两个营组成第一大队，大队长陈外欧，政委李栓；718团三个营组成第二大队，大队长陈冬尧，政委罗章；719团一个营组成第三大队，大队长张仲瀚，政委曾涤；特务团之教导营及旅直参谋训练队组成第四大队，大队长徐国贤，政委廖明。359旅除5 000余人留下继续生产和保卫边区，准备作为第二梯队，待机南征，其余全部南下。另外还有中央调赴新四军五师工作的随军南下的干部组成第五、第六大队。同行的还有科学家、作家、财经及城市工作干部，为日后开拓出的抗日根据地各项建设工作做准备……

支队经过一个时期的训练后，深入敌后，到湖南、广东、江西去创建抗日革命根据地。

南下支队于1944年11月从延安出发，1946年10月重返延安，历时两年，南征北战两万余里，转战于陕、晋、豫、鄂、湘、赣、粤、陇八省，途经100多个县，冲过敌人的100多条封锁线，大小战斗共300余次，其中较大的战斗74次，平均每两天打一仗，冲破敌方种种围追堵截，被誉为中国革命史上的第二次“长征”。

1944年10月末的延安，早已是秋色衔山，五谷归仓。

大生产，多打粮，
支援前线打豺狼；
油灯下，纺纱忙，
自己动手做衣裳。
……

夜色浓重，繁星闪烁，誓师大会在一片“打到南方去！”的口号中结束。散会的战士高亢的歌声远远传来，王首道静静倾听着，思潮起伏。

中央办公厅秘书处的工作早已交接完毕，此次主动请缨参加南下支队，是继浏东游击战、湘赣五次反“围剿”、井冈山斗争、二万五千里长征之后，再次面临的新挑战。全局行动可谓部署缜密、统筹严谨。359旅，既然能把荒凉的南泥湾变成陕北的“好江南”，为什么不能把更多的抗日根据地变成更大、更美的“好江南”呢？

慢慢踱回家中，妻儿早已熟睡，悄无声息地躺到床上，想到即将启程的万里跋涉和随时可能遭遇的枪林弹雨，一时间紧张、激动中又穿插着莫名的兴奋，胸中仿佛涌动着千言万语。索性披衣下床，点亮油灯，写下八行五言诗句：

北塞嘶战马，
挥师斩敌顽。
任凭风浪险，
何惧行路难？
南征拯父老，
壮志凌云端。
誓以身许国，
破敌凯歌还。

冰雪中跋涉

离开延安，南下支队经延川过清涧，月夜星光下的炮火纷飞中，穿过同蒲铁路，直抵黄河岸边。

“政委，昨天供给部听老乡反映，这地方有种羊皮浮子——这事你晓得吗？”王震全神贯注地盯着面前的军用地图，足有一袋烟的工夫，突然转身问着王首道。

“我去找那老乡问过了，他说的叫羊皮浮子的东西，实际上就是一张整羊皮，把漏气的地方都扎死，里面吹足气，就和轮船上的救生圈一样。可是……”王首道犹豫着。

“不行不行！这样的数九寒天，不到万不得已，怎么能让战士们浮水过河！再说，我们上上下下五千多人，到哪里一下变出那么多张整羊皮来呀！”王震不住地摇头。

“是啊！看来最要紧的还是千方百计去找船。”王首道沉思着。

“船是真不好找啊！我昨天又问过一个刚从这地方回来的同志。他说这一带统共只有三四条小船，又不在一起；河里水流很急，要把它们集中起来那可不容易。就算是都搞到一起了，三四条小船，对我们也无济于事！”王震用一支红蓝铅笔在地图上圈点着渡河地点。

几名侦察员赶来，王震手指地图交待着侦察任务：“任务很紧张，你们带一部电台今天就出发，尽快把船和侦察到的情况报告我们！政委还有话嘱咐他们吗？”说完，又问着王首道。

王首道沉吟片刻，说道：“现在时间紧迫，能不能索性再从各大队抽一些同志跟他们一起出发。一旦搞清情况，同时就在现场做好各项准备工作，迎接部队主力渡河！”

“这个办法好。”王震赞同着。

已是傍晚，浑浊的黄河水仿佛脱缰的野马呼啸东去。宽阔的河面上，漂浮着大块大块的浮冰，对岸碉堡中的灯火若隐若现。

暮霭沉沉中，侦察员看到一位身穿破棉袄、腰里系根草绳、身后牵着一头小毛驴的老人走过来，便赶快上前说明身份，请老人帮忙找船。

“船？都叫鬼子抢走啦！不过我在上边河湾里看到结了冰，看样子，兴许能过人。”老人搔着头提醒说。

“冰！你们看，好大一片冰！”在老人的带领下，侦察员们来到上游狭窄的河道旁，看到结冰的水面，惊喜若狂地跳起来。

结冰的地方位于毛田渡口西面三里多路的黄河上游，为避免惊动敌人，首批人员紧拽一根粗绳，成一字队形在冰上探索前进；第二批人员携带麦秸，在后面把凡是可以安全通过的冰面全部撒上麦秸，既防滑又可起到标志性作用。

午后，部队和骡马辎重，一批批地从“冰桥”上静静走过，鞋子和马蹄踩在冰面的麦秸上，发出柔和的嚓嚓声。连日来数千人一筹莫展的过河问题，就这样轻而易举地解决了！大家既兴奋又紧张，凛冽的寒风中，每个人都神秘地笑着，仿佛儿时捉迷藏，在小伙伴的眼皮底下溜过而没被发现一样。

王首道和王震、王恩茂并肩站在“冰桥”上，看见延安电影团随军南下的摄影师王旭从面前走过，连忙喊住：“王旭同志，快给我们照张相片留作纪念！”

身边一位战士笑着补充说：“照片上还要写上一句‘公元 1944 年 12 月 27 日摄于黄河冰桥’！”

据当地乡亲讲，自民国十六年这里结过一次冰之后，至今十几年从没有再结过冰，还有人说 180 多年都没有结过冰。

“天助毛主席！天助八路军！”岸边的乡亲们感叹着。

“老陈啊，你是科学家，说说这是怎么回事啊？”王首道笑着询问随队南下的科学家陈康白。

陈康白解释说，这里是个回水湾，河面比较狭窄，上游冲下来的冰块都堵塞在河湾里。前几天气温骤然下降，冰块很快冻在一起，最后就结成了一座“冰桥”。

毛泽东收到“冰桥渡河”的电报后，立即发出了“五十天行军，安全渡过黄河”的回电，以示祝贺。

部队一路南下，不久便来到洛河岸边。“河出图、洛出书”及洛神等传说，更给银白色带子般的洛河平添几分古老的神秘与美丽。

“美丽的传说到底只是传说，冰天雪地中如何涉水而过才是大问题。”望着水面大大小小的冰块和岸边尚未融化的薄冰，王首道心里盘算着如何尽快横渡洛河。

由于缺少器材和专业架桥人员，很长时间架桥都未成功，王震和王首道商量，再拖下去如被敌方发现行止，后果不堪设想，因此最终只得决定，除少数体弱和患冻疮、关节炎人员坐船外，其余人员一律赤足过河。

隆冬季节，别说下水，刚刚脱下棉裤鞋袜，全身便顿感寒凉彻骨、牙齿禁不住咯咯直响。大家彼此互望着，谁也不敢往下跳。第二大队队长陈冬尧见状，大声喊道：“同志们，快跟我来呀！”话音未落，便扑通一声率先跳进了河中，战士们不再犹豫，随即都跟着跳了下去……

仿佛钢针刺肉，痛彻骨髓。只片刻，双腿便开始麻木，完全靠腰部以上的肢体来“带动”腿脚。冰河中，一队队人流迅速趟水而过，岸上的百姓惊呼着：“天啊！这是人吗？天兵天将啊！这么冷的天，下水会冻死人的！”

“是啊，冻不死也冻残啦！我看先过来的这些人活动活动就穿鞋，走起路来像是没事。打盘古来怕是没人敢在这节气下水，真是神人哪！”战士们笑着听大家议论着。

好在这段洛河不宽，仅数十米，咬紧牙关几分钟便可涉过。即便如此，上岸后都大喊着：“这么凉还真能活着过来，下次什么也不怕了！”

“小马啊小马！我看你穿着这冻得硬邦邦的裤子怎么走路！”连长又心疼又责备地数说着过河怕冷不肯脱棉裤的战士小马，边说边让两名战士帮助小马脱掉结冰的棉裤，自己拿条棉被给他围上。王首道和王恩茂一起看着穿着“棉被裙”的小马，和大家一起哈哈大笑起来。

“不冷了吧？上岸一穿上棉裤，一会儿就火辣辣地发热了！这是一条经验，往后徒涉过河，天再冷，也不能穿着棉裤下水。你说对不对呀，小马？”连长对小马说，也对大家说着。

王恩茂凑到王首道耳边，笑着说：“政委，你听，大家在总结徒涉洛河的经验教训咧！”

“是啊！我们支队司令部，更应该从战术上好好总结总结呢！赤足趟过冰水洛河我们都能做到，那么还有什么能难倒我们呢？”王首道也笑着说。

雪村寻粮

越过鲁山，南下支队进入了辽阔的黄淮大平原。1945 年元旦之后，纷纷扬扬的雪花一直飘个不停。当队伍到达鲁山县东南的王庄时，鹅毛大雪竟在一夜之间积了二尺多厚。借住的老乡家几乎已经断炊，很显然，粮盐之需已成为部队亟待解决的首要问题。

经房东介绍，王首道决定亲自拜访村中的一位粮商，看能不能想办法搞到些粮食，以解燃眉之急。

清晨，雪还在下，每踏上一步，厚厚的积雪都会拥过膝盖。走过几十米回头看时，身后竟已踩出了一条窄窄的雪道。刮了一夜的北风依然呼啸着，吹起的雪粒打在脸上、手上，又冷又痛。

“云横秦岭家何在？雪拥蓝关马不前。”望着天地间一片苍茫，早已忘记的韩愈这两句诗竟脱口而出。这位唐朝诗人因直言而遭贬官发出上述感慨，但彼时的家国尚是“真正”的家国，如今呢？外寇侵来，狼烟遍地，开辟根据地是当务之急。自古有云：大兵未动，粮草先行。如今部队的缺盐少粮，已是“雪拥鲁山马不前”了。

“大叔，开开门吧。我带着八路军的人来了。”带路的房东敲着门，听着屋里没动静，又继续说：“叔啊，没粮卖也没啥，南下支队的王政委就是想和你说说话。他们可是好队伍，住俺家里啥都不动，还教娃认字，开门吧。”

厚重的木门无声地打开了，一位60多岁的老人静静地打量着王首道。

“老乡，客套话我也不说了。咱八路军南下支队一路走过来，就为到南方去开辟一片抗日根据地。咱这方水土随后也会成为根据地。八路军是不是真抗日，您老走南闯北做生意，肯定清楚……”王首道边说边在老人的炕头坐下来，欣赏着墙上的“鲤鱼跳龙门”年画。

老人站起来，掀起年画，露出里面的“戚继光抗倭”版画。“这幅‘抗倭图’是我去安徽走粮买回来的，不为别的，就为戚将军这份气概！这份气概，你们八路军也有！俺佩服！山河破碎，骨肉离散，泱泱大国、堂堂正正的中国子民竟让这些‘家寇’和高不过五尺的‘外鬼’欺负到死的死、逃的逃！”老人有些激动。

“大叔，‘家寇’怎么说?”一名随行的战士问道。

“河南四荒，水旱黄汤。细论起来，最凶最恶的，还是要数这汤恩伯啊！你们初来不清楚，我们这里前年和去年都遭了蝗灾，收麦子的时候，蝗灾还没成气候。苞米是被蚂蚱啃光了，但还有地里的红薯。好在有了红薯和麦子，老百姓只是苦点，不会饿死；水灾再厉害，也就是黄河边上那几个县；旱灾再重，也不能把咱河南一个省的庄稼都干死。只有这汤恩伯和他的军队，那才是无处不有、无孔不入啊！你们从黄河北边过来，这一路也看了不少……”老人唏嘘着。

“是啊，我们从宝丰到鲁山途中，亲眼看见很多村镇被烧成废墟。汤恩伯的十三军驻扎在叶县，听说那里的鸡鸭，几年前就被十三军的军官和他们的姨太太吃光了，现在许多地方鸡鸭早已绝种。”这位战士对老人说。

“更可恨的是，他们的军官几乎没有不吸毒的，每人每天起码要一大笔法币。这些钱还不是全出在咱老百姓头上？植树捐、教育捐、飞机捐、壮丁费，更奇怪的是，没嫁人的闺女，每天还要交30块‘闺女捐’，这哪朝哪代有过啊？老百姓恨透了这些‘遭殃军’！那是天见中央军，日月无光；地见中央军，五谷不长；人见中央军，有死无生！”老人愤愤地说着。

“那日军一来，不是更坏了吗?”战士又问。

“谁说不是哩？打着‘抗日’的旗子，全是骗人的把戏！咱老百姓只要听说打鬼子，情愿自己勒紧裤带，也要供他们吃得饱饱的。抗战初期，河南出了个刘峙，是有名的‘长腿将军’，日军还没来就逃跑了。如今这个汤恩伯，河南父老乡亲供他大吃大喝这么多年，没想到是为了让他练好腿，日军一来跑得比刘峙还快！我岁数一大把，念过书，走的地界多，经的、见的事也多了。咱中国的事情，只有靠你们了。这话到哪我也敢说，共产党，有希望！内忧外患全靠你们了！”老人断言。

王首道激动地握住老人的手说：“谢谢大叔啊，不愧是见多识广的人！要不是您这岁数，我们都想带您一起走了。咱这队伍粮食的事，还要请大叔出出主意。”

“你们秋毫无犯我早听说了，只是这好几千人没法一路自带粮食，可人吃马喂总要撑下来。咱河南就是红薯多，把红薯干和杂粮当主食吧，吃两成饱，过几顿就夹上点豆面，这样能保住活命。我家里囤粮也不多，除了留点给家里人吃嚼，剩下的全卖给你们！我再去劝说合伙走粮的朋友，让他们也拿出些。就算这样，你们也不够。路上再从乡亲家里买吧。你们是义军，乡亲知道的多了，有余粮、家境好些的会卖给你们!”老人站起来爽快地说着。

部队接下来从鲁山进发到叶县西南一带，当地群众早不堪骚扰，只要听说穿“老虎皮”的队伍过来，第一反应就是逃跑。

“司令员，河南的现状比我们想象的严峻得多，我们以往取粮无非或征或购，但现在看来恐怕没那么容易了……”王首道和王震一起烤着火，商量着粮食的事。

“政委，我全明白。我们也都是老百姓出身，苦日子都过过。确实不能再征粮了。有战士报告说有些人家屋里还存着粮食，可主人不在，我们怎么才能动用呢?”王震犹豫着。

“这样吧，我们政治部开个会，商量一下。最好放下钱，取用一部分。老乡回来还要生活。”王首道提议着。

南下支队政治部经反复研究，最终决定：部队可在驻地群众家酌情取粮，但必须留下一部分给主人维持生活。取用部分要过秤，按市价留下现金，并附上政治部统一印发的一封信：

诸位父老兄弟姐妹们：

本军作战敌后，瞬达八年。军威所至，日伪丧胆。战无不胜，所向披靡。战绩卓著，中外共闻。军纪严明，买卖公平。借物必还，损坏必偿。军中信誉，遐迩皆闻。迩者奉命南征，途经贵地，军粮缺乏，不得不就地购粮，以供军食。刻临贵府，适值外出，无法洽购。为保证军食无虞，不得不设法向贵府取去红薯××斤，豆面××斤，每斤以市价××元计算，共合法币××元，谨如数置于柜中，尚望查收并乞见宥。

即颂

公安！

部队开走后，乡亲们回来，看到家中完好无损，虽然粮食少了一些，却看到了现金和附信，都吃惊地说：“噫！世上真有这样爱民的军队！”消息一传十，十传百，远近村镇一听说八路军要来，都热情欢迎，甚至恳求队伍留下来保护一方。

支队粮食问题，就这样得到了逐步缓解。

会师中原

“战友们、同志们！我今天高兴得连话都不会讲了，不晓得用什么话来表达我们对八路军老大哥的热烈欢迎。当我得到八路军南下支队在河南同新四军五师北上部队会合的消息之后，兴奋得两个晚上都睡不着觉。同志们都知道，我们在党中央、毛主席的领导下，在鄂豫边区已经有了 6 年历史。可是在这 6 年中，一直没有看见过八路军老大哥。我们天天想、日日盼，简直比想自己的爱人还厉害。今天，我们终于看见了老大哥，你说我们该多高兴啊！”新四军五师师长李先念真挚诚恳的欢迎辞赢得了阵阵掌声和笑声。

1945 年 1 月 29 日，是八路军南下支队和新四军五师举行会师大会的日子。八路军、新四军、边区的人民群众和各界人士共计 13 000 多人，汇集在豫鄂边区的陈家湾广场。掌声中“向八路军老大哥学习致敬！”“向新四军五师的战友们学习致敬！”“向鄂豫边区的人民学习致敬！”的口号声此起彼伏。

李先念最后说：“党中央、毛主席派遣八路军南下，具有重大的战略意义。鄂豫边区是个突出地带，我们在日伪军和反动顽固势力的包围夹击之下，战斗非常频繁，很希望老大哥来助一臂之力。今天你们来了，我们就不是一支孤军了。你们的到来，把华北、华南打成一片。这样，我们的人民抗日武装，就从遥远的东北向南摆开，一直摆到华南，摆到海南岛！”

雷鸣般的掌声中，王震风趣的讲话又引发笑声一片：“同志们！昨天我留着一脸大胡子，好像个老大哥的样子。今天我把胡子一剃，实际上只算得上个小弟弟。新四军五师在李先念师长、郑位三政委和陈少敏等同志的领导下，创立了鄂豫边区抗日根据地，沉重地打击了日伪军。你们功勋卓著、中外驰名。你们辛苦了！党中央、毛主席委托我们向你们表示亲切的慰问。我们向你们表示祝贺，并致以崇高的敬礼！”王震郑重的敬礼再次博得热烈的掌声。

王首道此时正患感冒，但盛情难却，在大家期待的目光中站起来开始讲话，暗哑的嗓音丝毫掩饰不住内心的喜悦：“这些天真是喜事连连，1月16日的瓦岗寨之役干净利落，接下来我们利用日、伪、顽之间的矛盾，依靠群众引路、掩护，又打了几个胜仗，再后来的大喜事就是我们这次大会师了。在这样喜庆的日子里，同志们的真挚情谊，使我精神倍加振奋，因此非讲几句不可。在延安时毛主席说过，新四军五师战斗在日伪军的心腹地带，创造了丰富的经验，要我们虚心向你们学习。今天我们亲自来看了，果然名不虚传！值得我们好好学习。我们衷心感谢五师战友和边区人民对我们的热烈欢迎和盛情接待。我们用什么来感谢你们呢？最好的礼物就是胜利地完成党中央、毛主席和朱总司令交给我们的任务，这就是高举抗日的旗帜，实行抗日的政策，以抗日的实际行动，缩小敌占区，扩大解放区，继续创造和发展抗日民主根据地。现在，我们这支公开的队伍是逐渐强大了，但是我们还要建立和发展一支在敌占区和敌后城乡的隐蔽的抗日队伍。这就要抓紧敌占区的工作，抓紧敌后城乡的工作，扩大抗日民主统一战线的力量，把一切抗日力量统统联合起来，广泛开展人民战争，把日本帝国主义赶出中国去！”

让南下支队所有官兵深受感动的是，五师早就准备好了房子，置办了锅碗瓢盆等用具，送来了大量的柴草，以及猪、牛、羊、鸡、鸭和各种蔬菜。更让大家喜出望外的是，每个人都收到了“慰问袋”，里面装着边区人民自己生产的“女将军”名牌香烟、花生及当地特产麻糖和慰问信。王首道和大家一起打开袋子，拆开慰问信，互相传看着。一位老太太在信中对新四军的爱称为“四老板”，战士们先是笑着，读过之后想起家中的父母，继而又有些伤感。

“只有你们和我们的‘四老板’才真正是为我们穷人做事。我希望能有你们这样争气的儿子……”王首道接过信慢慢品读着，在母亲心目中，“争气的儿子”就是敢拿起枪，抵御外寇、平定内患的铁血男儿！已到湖北，再走下去就是湖南了。一路走来，曾经是那么富饶、美丽、五谷飘香的中原大地，此时却在侵略战争的浩劫中变成大片蒿草过人、狐兔出没的“无人区”。久别的故乡，你是什么样子？辛劳的母亲，此时你在忙什么？是纺纱织布？还是站在门前的大树下，手搭在额头上眺望远方，思念着长年征战在外的儿子？儿子，早已不是那个发誓做大官让天下母亲不再裹小脚的稚童，而是一个能带兵打仗、以天下事为己任的军人了！

“政委，想家了吧？我也一样。我们支队这次会师中原其实是个最好的休整机会，听听五师同志建立抗日根据地的经验，再总结总结我们的工作，解决些问题。我想这些工作你早计划好了。走，五师的同志们为我们准备了一个大联欢会，马上就要开始了，肯定好看！听说把咱们支队的很多故事都编成了歌舞和快板，这么短时间，真难为他们了！”王恩茂走过来，招呼着王首道。

当晚，新四军五师剧团举办了盛大的慰问演出，一段简捷、洗练的快板《过冰桥》，让王首道在很多年后仍记忆犹新：

八路军，是神兵，
数九寒天过凌冰。
黄河冰桥巧飞渡，
气死日伪军。

老大哥，八路军，
英勇善战早驰名，
跋山涉水到敌后，
人人夸神兵。
……

欣赏着演员和群众的一段段歌舞，倾听着一阵阵的掌声、欢呼声，王首道坐在观众席上又陷入深思。无疑，中原会师为支队继续南征创造了极有利的条件。两个多月冰天雪地中缺粮少盐的艰苦跋涉、数次与日伪军交战的枪林弹雨……仿佛一个长时间危途四顾、如履薄冰的旅人，被一群亲朋好友迎回家中，喜悦、欣慰、释然交织着，成为生命旅程中一个永难忘怀的片断。那么下一步呢？自己身为支队政委，想得更多的应该是居安思危，趁此机会好好休整，支队不久要面临的是更严峻的考验。

接下来南下支队向边区和五师移交了随军南下的干部，以让根据地建设的各项管理更加规范。

转眼间又是除夕，在噼噼啪啪的爆竹声中，在乡亲们提着年糕“多打胜仗、出师大吉、兵强马壮……”的祝福声中，两天后，南下支队在经过了17天的休整后，于1945年2月14日，继续向南进发。

同期，在国民党统治区出版的《新华日报》，曾作如下报道：

> 一支保卫中国人民的武装，一支收复广大国土的武装，一支由毛主席、朱总司令亲自教育出来的劲旅——八路军南下支队，战胜了冰霜，战胜了敌人，战胜了一切封锁和困难，到达了五省边区的基地，和新四军第五师兄弟作光荣而骄傲的胜利会师。
>
> 这一会师，使五省边区有了通陕甘边区的直达交通线，使华北、华中人民的武装连接了起来；这一会师，扩大了华中解放区，缩小了华中沦陷区；这一会师，打击了敌人，减杀了日寇在正面战场上的气焰！现在，五省边区不再是在日伪顽夹击包围孤立的形势之中了。

鏖战鄂湘赣

“我堂堂华胄，开化极早，历史文明。近世只缘内忧外患，落于人后。今遭日寇内侵，实有亡国灭种之虞。贵党贵军决策英明，勇猛御敌，风靡天下，实不愧当世英雄。此次南来，历尽艰辛，不计旧时积怨，深明大义，为国为民，余人不胜感激之至。古云‘国家兴亡，匹夫有责’。老朽年迈，虽不能驰驱沙场，但愿奉献余生微力，以期早日驱逐日伪，复兴中华！”在樊湖召开的一次各界代表座谈会上，一位皓首银须的开明士绅慷慨陈词。短短一番话，真挚、激愤、忧虑溢于言表，在场人士无不唏嘘认同并踊跃发言，表示支持建立抗日根据地的各项工作，王首道带头鼓掌，并起身整装，行军礼对与会人士表示感谢。

自中原会师告别新四军五师后，南下支队一路挺进鄂南，转战三边，大大小小的战斗接踵而至……摆脱敌人、建立根据地、充实武器弹药、救治伤员、安抚群众、恢复壮大抗日力量、宣传抗日政策等各项工作齐头并进。为了适应根据地的发展需要和扩大南下支队的政治影响，经报请党中央批准，取消了原“国民革命军第十八集团军独立第一游击队”的番号，改为“国民革命军湖南人民抗日救国军”。

为宣传抗日民族统一战线，团结一切爱国志士仁人，孤立反共、反抗日势力，让群众充分了解支队性质，天没亮，一份《国民革命军湖南人民抗日救国军司令部布告》贴遍了大街小巷——

去岁湖南沦落　日寇肆虐横行
皆因抵抗不力　政府抛弃人民
本军奉命援湘　消灭万恶敌人
实行统一战线　团结一切好人
工农商学各界　军队地方士绅
不分阶级党派　皆愿相见以诚
一致联合对敌　展开民族斗争
独裁贻误国事　专制违反民心
唯有迅速改革　方能耳目一新
实行三民主义　恢复中山精神

建立联合政府　制止一党横行
取缔贪官污吏　扶持好人正绅
厉行减租减息　改善社会民生
取消苛捐杂税　买卖务示公平
反对强迫兵役　欢迎志愿从军
保障人权财权　维持社会安宁
严惩汉奸特务　悔过可以宽容
中国有共产党　华北有八路军
满布大江南北　则有新四大军
广东广西一带　抗日起义纷纷
德寇正在瓦解　日寇亦将土崩
苏联英美中法　保障战后和平
世界进步很快　中国岂能后人
愿我三湘子弟　一致义愤填胸
起来保乡卫国　充当抗日英雄
倘有汉奸国贼　敢于阻扰军容
自当痛击不贷　勿谓三令五申
特此剀切布告　仰各一体遵循

司令　王震
政治委员　王首道
中华民国三十四年三月

“快回去告诉家里人，当年的老红军又回来了！好日子来了！”布告前，围观的人们纷纷议论着。

“唉！真是灯不挑不亮、话不说不明。咱老百姓活得稀里糊涂的，被人欺负了也不知道理打哪说。‘日寇肆虐横行’、‘政府抛弃人民’说得太对了！自己的队伍再不过来，老百姓就没法活了。这布告在大事上也让咱开了眼界，这德寇、日寇开始走下坡路了，中国有了八路军、新四军，早晚会把日本人打出去。听说国外的联合政府是大家说了算，真要这样，咱们的日子可就有盼了！伢子呀，真是没想到啊！昨天夜里竟把你们关在了门外，太不应该了！没话说，照布告里说的做，我回家就让伢子参军，保家卫国是男子汉最该做的事！”一位识字的老人读过布告后，拉着一位战士的手激动地说着。

在王震、王恩茂率领主力部队挺进湖南期间，王首道率领留在鄂南的部队也在不断向四周扩展。这支力量除南下支队余部外，还包括新四军五师为配合南下支队挺进鄂南，由鄂豫边区五分区司令员张体学带来的两个团。1945 年 5 月中旬，部队一举攻克了樊湖，随之向梁子湖地区进发。下旬，王首道再次率部越过崇阳和通山之间的公路北上，进抵崇阳、蒲圻和咸宁一线。近年来，这一带的抗日力量遭到严重破坏，部队进驻后的当务之急就是建立党组织。虽置身鄂南，王首道却深感这情形和当年从祁阳农运脱险，潜回老家发展浏东游击队颇为类似。

经验在特定的时期堪称无价之宝，在经过一番细致的调查后，经研究，支队在第一时间派出一批干部，积极发展党员，通过党员发动群众，逐步建立各级抗日民主政权。在靠近日伪顽军占领区的边缘地带，通过公开与秘密相结合的方式，大力推动抗日斗争。并且抓紧一切机会，加强抗日民族统一战线的宣传，团结一切爱国人士和开明绅士，不断壮大抗日力量。奔波鏖战中，南下支队在湘鄂赣边经过两个多月的努力，在一系列紧张有序的工作过后，在这一地区稳住了阵脚，得到了各界人士的广泛同情与拥护。根据地持续扩展，地方抗日力量不断壮大，《晋察冀日报》曾作如下报道：

> 我军先后和敌伪军大小战斗 130 余次，毙俘敌伪 3 000 余名，收复大小城镇乡村 270 多个，取得了辉煌的战绩……

1945年6月中旬，红色电波传来了中共七大闭幕的消息，南下支队立即召开了一次湘鄂赣边区军民庆祝大会，王首道要求随军作家周立波主办的《解放报》特别出版了“七大”专号。

6月下旬，南下支队主力部队从湘北的湘阴地区第二次返回鄂南。此时的鄂南已是盛夏，经过几天休整，王震和王首道全面分析了目前的战事及根据地拓展情况，决定战胜酷暑暴雨、蚊虫疾病，整装严纪，继续南下，一路挺进华南……

8月21日，当部队第二次渡过湘江，沿粤汉铁路南下，正走在衡山附近的南湾一带时，收到中央电报：

王王：

苏军参战，日本投降，内战迫近。你们任务仍是迅速到达湘粤边与广东部队会合，坚决创造根据地，准备对付内战。

中央

8月21日

“日本投降了！我们胜利了！”这一激动人心的消息，顿时使全军上下惊喜若狂，大家热情欢呼，相互拥抱，欢笑雀跃中却禁不住泪如雨下。

八年了，多少战友奋战苦斗，多少烈士流血牺牲，才赢得这胜利的一天！

八年了，多少同胞惨遭杀戮，多少人家妻离子散！

八年了，魂牵梦萦的胜利一旦突然出现，竟是如此地令人“措手不及”！

“内战迫近！”欢呼声又仿佛一阵阵警钟，内战的阴云刹那间又袭上了人们的心头……

强抑激动的泪水，王首道悄然踱出村外。夏日的山间到处苍翠葱茏，哗哗流淌的小溪伴着阵阵鸟啼……战友们！抗日胜利了，你们可以安息了！

轻轻说着，再也抑制不住的泪水终于夺眶而出。古往今来，战争，永远是如此的残酷无情，昨天还是同吃同睡、谈笑风生的伙伴，一阵炮火之后，却已是生死两隔、再见无期！

鄂南战斗中，第一大队二连连长朱新阳在发出进攻命令后，率先一跃而起，冒着擦耳而过的子弹带领战士猛冲。对方顿时乱了阵脚，在追过几个山头后，形成了刺刀拼杀战。朱新阳拼弯了刺刀，随即冲进敌群夺下一把战刀，在砍倒七八个敌人后，身上被刺伤七处依然没有停下来的意思。一粒子弹穿腹而过，肠子从腹内流出。朱新阳左手按住伤口，右手高举战刀继续指挥，当增援部队赶来时，已是流尽最后一滴鲜血。10 多个小时的激战，最后采用火攻，一举歼敌 500 多人，缴获大炮 7 门，轻、重机枪 20 余挺，手枪、步枪、手榴弹、望远镜等军用物资无数。我方伤亡 30 人。

大云山战斗告捷后，敌方加紧围剿，目标是兵分几路全歼南下支队，活捉王震、王首道。由于侦察员未能及时上报，以致第二支队误入伏击区，一场恶战就此拉开帷幕……午夜，战斗进行到白热化程度，炮火映红的天空下，枪弹横飞，弹片和爆炸激起的尘土在火光中游离着，大地在隆隆的炮声中愈显苍茫，一时间竟让人无法判断敌我处境，更无从估计战斗几时结束。第二支队队长陈冬尧顾不上危险，亲自到二营了解情况。一路上仔细观察攻守态势，心里暗暗盘算着下一步的打法。正爬上一个小山包时，前方一颗子弹飞来击中下腹，警卫员连忙扑过来拿出急救包进行包扎，血透过纱布汩汩地流出来。“不要管我！命令二营赶快从右面山头过去，马上和五支队取得联系，看看敌人还往哪里跑……”陈冬尧的声音渐渐低下去。

“他们已经开始行动，你放心好了。”警卫员安慰着。

“你也快到前面去，我不用你照顾。”话音未落，人已经昏了过去。

当几名战士砍下竹子做成临时担架，把陈冬尧抬到司令部时，陈冬尧的呼吸已经非常急促："快找……王胡子，我要见他！"

天亮后，王震特地从山上下来。"司令员，我没有完成任务……"陈冬尧已是面无血色。

"冬尧同志，你不要难过，你的任务完成得很好！"王震边安慰边查看伤口，亲自为他盖好军毯，再三嘱咐大家一定要精心护理。

又经过一天行军，陈冬尧在弥留之际对大家说："不要哭嘛！人总是要死的，为党和革命事业牺牲，这不算什么！我只是太惭愧了，没想到死得这样早……本想再多做些工作，多打几个胜仗。现在不行了……请你们见到毛主席，替我说，陈冬尧向他致最后的军礼！"

听到王震到来的声音，陈冬尧勉强睁开眼，用几乎听不到的声音叫了一声"司令员"，在众人的齐声呼唤中，这个身经百战、在徒涉洛河时第一个跳下冰水、身负重伤不叫一声的铮铮硬汉，永远地闭上了双眼……空气似乎凝固了，大家沉默着，仿佛都不愿意承认英雄的离去。

警卫员突然爆发出一声撕心裂肺的哭喊："支队长，你不能走！你答应过我们，等抗日胜利了带我们回你老家去玩；你还答应过司令员和政委，等太平了还和大家来冰河中'游泳'；你还说解放了，和我们一起去上学。司令和政委都说了，新中国更少不了有文化的人……你答应过那么多事，可答应的事怎么能不办，说走就走了呢？你说话呀！"警卫员拼命摇撼着陈冬尧，哭得声嘶力竭。

这时通讯员走进来，拿着几封书信，看到这一情景，愣住了。王震接过书信，拿出陈冬尧的那一封，轻轻放在他的胸前……从不流泪的王震此时已是泪如泉涌，久久地望着陈冬尧熟悉的面孔，只说了一句："带着家信走吧，你死得慷慨！"空气仿佛凝固了，大家不约而同抬起右手，久久地行着军礼，谁的手也不肯最先放下。

一个月后王震尚未从巨大的悲痛中走出来，脸色一直沉郁着。

1945年7月7日，南下支队主力部队从咸宁县的茶地铺地区出发，连续行军10天，途经蒲圻、崇阳、临湘、岳阳、湘阴等地到达平江。时值盛夏，气温近40度，途中每天都有人掉队，病员逐日增多，中暑晕倒乃至牺牲的事件时有发生。部队在金岗买到不少大米，出发时按伙食定量发给大家自行携带。第一支队司令部最后剩下30多斤，司务长周星桥舍不得扔掉，只得连同自己的行李一起背在身上。烈日炎炎下跟随部队走了60里路，快到福临铺时，突然晕倒在地，口吐白沫，从此再也没有醒过来。那一袋大米后来被战友们轮流背负着，一直没人舍得吃。

……

可歌可泣的英雄事迹太多，让人一旦陷入回忆，短时间竟无法回归现实。战争无疑是残酷的，总会有人伤亡。

王首道喃喃着、思索着，对支队南下而言，采取什么样的战略方能“不战而屈人之兵”，减少伤亡呢？也许只有宣传、策动等工作才能在一定程度上实现“不战而屈”。生命只有一次，而只有对生命的加倍珍惜才能保全部队实力，才不会有那么多的战友相继倒下。

大量的宣传工作在南下途中起到了不可低估的作用。回首从延安一路南下，战斗、行军之外，宣传、说服工作从不曾间断过：一幅幅出现在街头乡镇的宣传告示、开火前“中国人不打中国人”的高声喊话、穿乡入户同三边父老的彻夜恳谈、一番番鼓舞人心的演讲……

离开延安后，战斗与跋涉间隙的宣传工作功不可没。宣传是一项多方位的工作，包括不同的形式和不同的对象。横渡长江时自己和王恩茂一起，号召共产党员要起模范带头作用，干部战士同心协力，按大小船只，把全体渡河人员编成若干小组，每人发给200元法币和100元伪钞作为船费，下船时逐一交给船工。这种实质意义的“宣传”，是为让百姓进一步明白什么才是真正“秋毫无犯”的队伍。

江南的夏收季节，分散在湘鄂赣边区的南下支队指战员发挥以往“能战斗、会生产”的特长，帮助当地乡亲抢收小麦、豌豆和油菜子。对缺少劳动力的农户，更是从收割、搬运、打晒直到收仓一帮到底，农活干得干净利落，做到了精打细收、寸草归垛、颗粒归仓。更重要的是边干活边为农家讲解八路军、新四军的抗战主张及奋勇杀敌的故事，并说明这支队伍就是10年前从湘鄂赣北上的红军。务农“行家”们特殊形式的宣传效果很快突显出来，水乳交融的军民情谊迅速建立，群众踊跃参军支前的态势一发难收。

部队重返鄂南后，在修水、武宁地区俘虏了一群国民党方高级军官的“贵太太”。面对这些穿着华丽的旗袍、高跟鞋、连衣裙，吓得魂不附体的“特别女人”，南下支队没有说教和威吓，而是耐心宣讲抗日政策，并开导她们：大家都是中国人，再富贵荣华的日子也是当亡国奴、是一种安乐窝里的“屈辱”，日寇才是全中国人民的共同敌人。八路军有三大纪律八项注意，不会没收她们的私人资财。经过一番教育开导，除武器弹药等军用物资外，这些女子被全部释放。动身前，有几个穷苦人家出身的女子竟放声痛哭起来，说长这么大还从没听到过这么开明的道理，一天到晚就只知道抽大烟、吃喝玩乐……到最后所有人都哭起来，纷纷表示回去后一定要劝解自己的丈夫和身边的兄弟，千万不能再自己人打自己人，应该一起去打日本鬼子。

新田湾一役是有节制的自卫之战，被俘人员在晓以“团结抗战”的说服教育后，发还枪支释放。临行前每个人脸上的那抹“愧色”足以让人相信，这些人以往的“敌我”观念已经发生了根本性的动摇。

……

抗战时期的宣传工作已告一段落，那么“内战迫近”后的下一步宣传工作呢？日军从中国国土上撤离后，宣传工作势必将伴随着新的政治方向有所改变，细节性的各项工作亦将展开。

“政委，有电报来，司令员请你赶快过去开会。”警卫员的通报声打断了王首道的思路，两人循着来时的小路匆匆赶回司令部。

同一天,南下支队又收到了从延安发来的朱德总司令发布的第一号命令,命令八路军、新四军接收日伪军无条件投降所缴出的武器弹药和一切军用物资。而原定的在南湾调整休息计划,由于时局的突然变化,迫使南下支队必须赶在内战的"暴风雨"到来之前,迅速插入湘粤边境。

带着抗日胜利的深深喜悦和对内战随时可能暴发的无限担忧,南下支队继续向南进发。

奉命北返

毛并林平:

一、我们26日到达南雄北乡,南雄驻顽187师及186师一部。

二、顽第四军仍在尾追我们。

三、我们取不得一天休息,无草鞋,甚疲劳,拟直奔罗浮山与林平会合。

王王

26日

在发给党中央及活跃在华南地区的抗日队伍东江纵队负责人林平的电报后,王震久久地凝视着铺在地上的地图。是继续南进还是调头北返?形势严峻,必须在短时间内作出抉择。

指间的烟蒂已烧到手指,一阵轻微的灼痛,顺手扔掉烟蒂,王震抬起头:"政委,这事关系重大。我提议军政委员会专门召开一次会议,好好研究研究。"

"好!让大家全面摆一摆当前的形势、敌情,然后慎重考虑,决定部队下一步的行动方针。"王首道点了点头。

会上,王震和王首道先集中分析了国内目前形势。电台已收到了毛泽东在周恩来、王若飞陪同下抵达重庆的消息，国共谈判已经开始。南下支队前线从南雄到始兴一线，已查明敌方共有两个军的番号，后面湖南薛岳的尾追部队亦已紧跟上来，左翼江西方面也发现敌人正在一步步逼近，这意味着周围正有五个军的兵力蓄谋合围。仅南雄至始兴公路两侧的地区内，就有四个师的兵力，形势极端危险。这种情况下，若在湘粤赣边创建根据地与东江纵队会合，各方面的困难远非南下支队所能克服。退一步，即使不惜任何代价与东江纵队会合，但敌我强弱悬殊，在没有根据地作依托的情况下，东江纵队和南下支队将共同面临全军覆没的危险。

“日本投降后，时局已发生根本性变化。过去我们可以利用日伪顽之间的矛盾保存自己的实力，现在这种可能已经不存在。国共谈判目前结果难料，我们面对的是五个军肆无忌惮的进攻。现在我们由于连续行军作战，粮食供给困难，战士们又饿又累，短暂的休整都无法做到，稍有疏虞就会功亏一篑。继续南下，等于以疲惫之师抗击几倍甚至十几倍的强敌。相反，如果此时毅然北返，避开对方的优势兵力，既避免内战，又配合争取和平、民主的斗争……这样的选择我已经考虑了一段时间。”王首道对王震和各支队参会人员陈述着自己的分析与意见。

“政委分析得有道理，这样不但能保存实力，还能变不利为有利，化被动为主动，能在短时间内迅速摆脱目前的被动局面。不能再拖了，这样下去时刻都有危险。现在大家的意见也是立即北返中原，与新四军五师会合，如果大家同意，就立刻电告党中央！”王震的提议得到全部人员的支持。

毛主席并中央：

一、我入湘粤赣以来，连续跋山、涉水、战斗、露营、受饿，忍受种种痛苦，一致为达到与我粤军会师。惟此境是顽七、九战区之后方，敌为实现其剿共目的，所有村、镇、乡电话网和特务组织十分严密，使我们行动极为困难。日本投降后，形势根本变化，我在东五岭建立根据地已不可能。

二、昨顽90师、167师各一部及地方武装三路合击我于始兴、百顺，我被迫北返。

三、我们对会合广东力量的中央指示，是抱极高热情和决心去执行的，但是一切客观情况对我极为不利。故我们集中意见，一致建议北上，靠拢李先念，预计20天行程可达湘鄂边。

四、群众被迫上碉，部队无粮，所携款项即将用完。我如上山搜粮将脱离群众，而我不能给群众实际利益以争取群众。

五、根据我们经验，我广东部队将被迫不能北上，在华南基础地区保存力量，或转入秘密，较为有利。

所呈请示即复。

王王

8月29日

电报拟就，立即交机要参谋送译，并令电台当天发出。

为了迅速摆脱前追后堵的被动局面，南下支队当晚即向江西大庾地区行进，并对部队进行了北返的政治动员，提出“走到五师根据地就是胜利”的口号。为保证行军速度，支队发出“轻装”命令：砸毁缴获的没有子弹的重机枪和多余的电台，全体指战员只穿一件外衣。

行进途中接到中央军委复电：

王王：

你们目前处境异常艰难，在日寇投降、时局变化的情况下，你们确已难以完成原有任务。同意你们即由现地自己选择路线，北上与五师靠拢。

疾速的北上行走中，望着青翠的重峦、涓涓的细流，王首道内心默念：再见了，广东！再见了，亲爱的东江纵队的同志们！我们一定会回来的，我们一定会再见的。安息吧，长眠的战友们！“再见”的时候，带给你们的将是和平的鲜花！

不出王震、王首道所料，南下支队的突然北返，一下子打乱了敌方的如意算盘，一时间“不可放虎归山”成为对付南下支队的“座右铭”，除严令从湘南尾追至大庾岭地区的两个军外，又慌忙调集两个军的兵力沿途堵截侧击。与此同时，又有三个师的兵力进至七岭一线阻拦，连设数道封锁线。

湘粤赣边一场场血战后，南下支队连续冲破了所有封锁，来到了井冈山。

当“红军打回来了！”的消息闪电般传开的时候，人们沸腾了，连年征战，这里大多是老人和妇女，大家纷纷围上来打听亲人的消息。乡亲们虽然衣不遮体，但是看到南下支队的子弟兵光着脚走路，竟不约而同地抱住战士们心疼地哭起来。王震和王首道边指挥部队宿营边安慰着乡亲们，最后竟也忍不住落下了眼泪。

井冈山，别来无恙！11 年了，这一大片红色土地上的一草一木看上去都是那么亲切……1934 年红军长征走过后，一场骇人听闻的屠杀和洗劫袭来……抗日战争爆发后，国民党第九战区司令长官薛岳率部钻进了井冈山，穷苦百姓再次处于水深火热之中。

战士们苦，乡亲们也苦，抗战胜利了，但父老乡亲还是没有过上宁静宽裕的日子，内战，几时结束？

部队宿营后，驻地附近的乡亲们除了端茶送水，还连夜打出一双双草鞋，送到驻地，大家一起高兴地唱起了老苏区民歌。很多年后，每当想起井冈山，那一双双陪伴南下支队回归延安的草鞋和嘹亮的歌声，都浮动在王首道的脑海中。

当南下支队北渡长江后，即向党中央致电，中央很快复电，庆贺支队南征北返的胜利：

首道、王震同志并转全体指战员：

申感电悉，知道你们已安全北渡长江与五师主力会合，甚为欣慰。这次长途行军，又是一次重大的考验，证明共产党领导的军队是能够克服任何困难的。对你们艰苦行军特表慰问之意，并望你们在适当地点集中休整补充，治好伤病人员，以便在鄂豫皖中央局和军区司令部领导之下，执行新的战斗任务。

中央军委

9 月 22 日

10 月 3 日，南下支队主力在黄安县庙基湾与先行北撤的杨宗胜部会合，战友们久别重逢，回想起去年南渡长江前夕，曾在这里举行新年团拜。今天，全体指战员为了庆贺胜利突破长江天险进入鄂豫皖边区，又在这里举行了一次会师祝捷大会。热烈的掌声中，王震和战士们强烈要求政委讲几句。此时此刻，虽然笑容满面，但王首道心中却是百感交集，快步走到场地中央：

英勇善战的指战员同志们：

为时将近一年的南征北返，现在已经胜利地告一段落。在这一年中，我们做了些什么事情呢？我们的英勇果敢的行动起了什么作用呢？这是我们在迎接新的战斗任务时，应该认真总结的问题。

同志们！我们这次深入敌后，打击和杀伤了日伪军，减杀了日本侵略军在正面战场上的气焰，解放了敌后广大人民，创造了湘赣边抗日游击根据地，粉碎了日伪顽军的围追堵击，胜利地回到鄂豫皖边区。谁敢相信，像我们这样一支人数不过几千人的队伍，竟敢在日伪顽军兵力众多、碉堡林立的地区如入无人之境呢？谁敢相信，像我们这样一支人数不过几千人的队伍，竟敢同比我们多几倍甚至十几倍的各种敌人打了一仗又一仗，并使自己在战斗中不断壮大呢？连我们的敌人也不得不承认，我们的这次行动是一个壮举，是一个奇迹。这个壮举和奇迹是在毛主席军事思想指导下实现的。铁的事实已经证明，我们这支部队称得上是一支英勇无敌的战斗队。

同志们，我们这次胜利地南征北返，同时又说明我们是一支矢志不渝的探险队。我们深入大江南北广大敌后，具体、深刻地了解了我们民族的敌人怎样残酷屠杀中国同胞，亲眼看见了无数荒芜的田园、焚毁的村镇、凌辱致死的妇女和惨遭屠杀的同胞……敌人的凶残教育了我们，人民的血泪激励着我们……

我们这次南征北返，同时又当了宣传队。我们每个人都将毛主席的《新民主主义论》和《论联合政府》以及其他重要文章和宣传材料，向湖南、江西、广东、鄂南等地城乡人民作了广泛的宣传。我们还将八路军和新四军坚持敌后、英勇杀敌和解放区抗日根据地人民的自由民主生活的真实情况，告诉沦陷区的人民。日寇投降以后，我们又宣传了我党关于在战后实现国内和平、民主、团结的主张。它给江南人民指出了光明的前途和为之奋斗的方向。

同志们！我们的南下抗日斗争在艰苦奋斗中已经取得很大的胜利，但是我们的任务还远没有完成。日本投降以后，中国人民迫切盼望国内实现和平、民主和团结……作为人民的战士，我们肩上的责任还很重，我们一定不要放松自己的警惕，时刻准备迎接新的战斗！

……

嗣后，南下支队和李先念率领的新四军第五师再次会师中原。10月中旬，部队在湖北黄陂县所属的孙家畈进行了恢复“359旅”原名的整编工作，正式撤销了“湖南人民抗日救国军”的番号，同时与原鄂豫皖边区坚持抗日的新四军五师以及由于敌军进攻而从豫西撤出的豫西支队，共同组成中原军区，359旅从此加入了中原军区野战军第二纵队序列，保卫军区的西部和北翼。

1946年1月10日，国共双方达成停战协议后，党中央根据当时极其复杂的斗争形势，决定对中原军区实行战略转移。不久，中原部队即按照中央指示，胜利完成了中国革命史上著名的“中原突围”。王首道则根据组织安排，转移到了另一战场——参加了军事调处的工作，一场同国民党方面的“说理”斗争就此拉开了帷幕。

再读《王恩茂日记》

1944年8月9日

到王首道同志的地方继续开会，讨论调动干部和部队及今后359旅工作问题。部队：717团、718团、719团各调3个步兵连，共9个步兵连，每连3个排9个班，每个班不少于9人，每人步枪一支，手榴弹2枚，子弹150发；每连3个轻机枪班，并附掷弹筒，轻机枪班2挺轻机枪，2个掷弹筒；9个步兵连编为3个大队。另外6个干部队，以教导营4个队编为3个队，延安编2个文化队，一个比较高级的干部队。359旅调出9个步兵连后即缩编为3个团，特务团、补充团编到717团、718团、719团去。

1944年9月2日

回延安，旅长不在家，和首道同志、谭老(谭余保)到中央去了，将要吃晚饭时回来，知道1日中央政治局会议已经正式决定旅长、首道、谭老率领干部到南方去发展工作，议论很久，曾一度沉寂的南下问题,至此最后决定了。

1944 年 12 月 7 日

王、王下了决心,分两个行军纵队从徐家堡、苏家堡过汾河,平遥以北通过同蒲路。但太岳一分区几次来电:此路行程 150 里,通过铁路即会天亮,而平遥以东有侯壁、偏城、尹村等敌据点,接护部队均在介休,一时很难调动,要我们慎重,但我们还是坚持原来的决心,下了命令……我们经过的地方,是我们祖国富饶可爱的平原,但是为敌人占领,在这块土地上走路都不能自由,每次通过敌人封锁线时,这种民族的愤怒就浮在我的脑际。

1945 年 1 月 2 日

昨晚,司令、政委与伊洛办事处同志商谈,决定消灭盘沟徐吉生部队及其指挥下的各地武装,故今日仍在东赵堡休息。各大队同志来了,全体意见以不打为好,因我们的任务与目的不同……大家愿意迅速南进,因在此久留,一缺粮食,二怕敌情变化阻我行动,三战斗伤亡不好处理,四枪多没有人背,故向司令、政委提出不打的意见,结果被采纳,我们很赞成,决定明日继续前进。

1945 年 3 月 25 日

平江。

平江城举行群众大会,群众革命热情很高。一支队、五支队昨未赶到长寿街战斗,因一支队一营到三眼桥时已太晚了,今 5 时出发去打长寿街之敌。看到弼时同志给王、王的电报,知道延安家属都好,她们都安心带孩子、学习和生产。

1945 年 6 月 25 日

……今晚只讨论了上一个问题,一般意见还是不打大仗,只作游击战争,坚持鄂南。因敌我力量悬殊太大,如打好了,则好,打不好,仍是游击战争,那时局面更坏;再则为了保持有生力量,向南发展,也以不打大仗为好。

1945年7月6日

郭家祠堂(咸宁)。

大概昨天吃多了李子的关系,肚子痛了一天。午时,司令回来了,下午政委也来了,司、政、供、卫也已集中,准备行动。我们给中央打去两个关于南进的电报:第一个,小部去,大部留;第二个,大部去,小部留。毛主席回了电报,说我们决定南进是正确的,那边敌占区很大,在有利条件下,沿途可撒播种子,但不可恋战,耗损精干力量。

1945年11月4日

……中央局电:河南、湖南两部人民抗日军现已与五师会合,并组成中原军区,统一指挥,李先念为司令,郑位三为政委,王树声为副司令,王震为副司令兼参谋长,王首道为副政委兼政治部主任。

1946年1月26日

宣化店(礼山)。

……昨天看了王政委首道同志交给我们的电报,是延安359旅家属打来的,说到她们想念丈夫心切,很想了解我们现在何地,有些同志牺牲了。我写了一个电报回答她们。

1946年2月4日

王窑(光山)。

上午717团、718团的秧歌、高跷,以及军民合作的旱船、蚌精等闹个不停,部队和老百姓观看得喜笑颜开,表现了对于新年和平异样的快乐。中午,旅部、政治部请各团首长及司政科长会餐。王政委首道同志讲了话,说到革命前途的光芒万丈,令人兴奋……晚上打了几盘扑克。因首道同志明日要回军区,睡在铺上,一面睡,一面谈,回忆过去一年多的斗争,谈到半夜过了才睡着。

1946年9月26日

延安。行程130里。

没有计划今天到延安，因道佐铺到延安有 130 里，步行不可能走到。到甘泉县时，接到延安打来的电话，王副司令要我们旅的几个同志今日到延安，但我们觉得路远，又估计不会有什么急速，故不愿赶路，还是决心明天到延安。到苏家河，我们已经放下行李宿营了，一辆汽车从我们门口驶过，原来是王世泰司令、张仲良副政委等，他们下来要我们上车一路到延安……久别的爱人，非常想一下子回到自己的家里，重温久别的爱情，因此，当到了骆岚的房子时，兴奋得不知如何了。

周立波笔下的王首道同志

——摘自《南下记》

王首道同志是我们的政委，他个子不高，却精力充盈，不爱多说话，但说出来的话总是有分寸。

从广东回来首道同志的一匹年轻的骡子累死了。他只好步行，人家都说他身体不结实，并且从来没有走过路，怕不能行。但是他能走，翻山越岭没有落人后。在行军作战中，以至于在整个革命行程中，铁的意志，往往能使人们作出旁人看来好像是不能做到的事情。

首道同志不大爱谈天，更不涉及自己的私事。我所知道的他的身世，不过是这些：他的年纪和王震同志相差不很远，同是湖南浏阳人。他早年在长沙读书。1930 年 5 月，红军攻克长沙时，首道同志是“行动委员会”的负责人之一。

他是中学生出身，所以熟悉知识分子的心理。回到五师来，我被分配到《七七日报》去工作，去向他告别，他叮咛我，要照顾知识分子。他说：“不要忘记你自己也是知识分子。”这和陆定一同志对我的临别的叮咛完全相同。他和定一同志都遵循了毛主席的思想，知道在工农兵当权的时代，是很需要而且欢迎知识分子的。

从延安出发的时候，王首道同志忙着许多事情，但是他把延安所有出版的书籍都带上了一部。装了一驮子，为这驮子书，他操了许多心。他委托秘书王保善同志总的照顾。在梅岭山中，敌情紧迫，驮书的骡子陷在水田里，不能起来，终于只好放弃了。首道同志听到这消息的时候，好久不高兴，虽然这都是一些公开出版的书籍，他很珍视。

首道同志很注意报纸。去年6月，王震同志到湘北去了。首道同志带领着我们，留在鄂南的大幕山下，后来又到了樊湖。稍有余裕的时间，他就派我办报纸，我们办了一张油印的《解放报》。这使大家很高兴。我们刚渡江，就能在江南地面传播延安的声音了。在樊湖，首道同志的事情是非常之多的。他要布置地方上的工作，开战斗英雄的大会和追悼阵亡烈士的大会。还开了一个庄重的“七大”庆祝会。除了经常的重大工作以外，他还抽出时间来为那张油印的报纸写社论。

对于人民事业的忠心，对于毛主席的话的忠实和听从，这是首道同志和王震同志的共同的特点。在清涧的军人大会上，首道同志号召我们到南方去插柳树，栽松树。在平常他总是号召大家要坚持原则，要像松树一样有劲节，毛主席临别时候的对我们的那一次讲话，他在什么时候也没有忘记，在身体力行之外，常常用这个来勖勉大家。

首道同志很热情，但是他的热情埋藏在深深的心底，使他发出一种为人民事业的深深持久的潜热。他不是十分容易冲动的那种热情家，但也有例外的时候。和五师会合的时候，开了一个两万人的大会，首道同志因连日劳瘁，并且正患着伤风，喉咙嘶了，但他还是讲了话。他用嘶哑的声音说的开头的几句话，我还记得，他说：“今天，我的身体不大好，伤风了，但我还是要讲几句话，就是喉咙破了也甘心。”

对人民有着强烈热情的人，对反动派就必然有着最大的仇恨和厌恶。首道同志对于反动派，对于特务分子，差不多每一条血管都充满了憎恶与鄙夷。一种正气总是流露在他的眉宇之间。

作为一个职业革命家，要忠实，要热情，但同时也要十分有经验。首道同志的斗争经验是很丰富的，在江西文英，他和其他的长征战友指点着长征的时候走过的旧路。这次南下，他们的脚板踏上了这一条旧路，如果把长征和这次南下他们走过的道路画了出来，恰恰是在中国大地之上画一个圈子，而且是四万华里的一个巨大无比的圈子。

……

乃馨寄语：很小很小的时候，每当听到南下支队、359旅的字眼，都会有种发自内心的自豪与感慨——我，是英雄的后代！南下途中的359旅，蕴藏着一种无可言喻的刚强，或者说是那个时代的奇迹与象征。在很大程度上说，南下支队的万里跋涉与勇猛善战，书写出了一个时代的“军魂”。

读过爷爷亲撰的《忆南征》、读过王恩茂爷爷的《王恩茂日记》，也读过周立波爷爷的《南下记》，掩卷沉思，一封封以“王王”为抬头或落款的电报，记载着南下支队一番番行进与血战，让人仿佛在字里行间阅读着那一代人的浴血奋战史。

真的佩服王恩茂爷爷，那么艰难的南下之行，竟一日不落地写下了每一天的日记！想象南下支队跋涉于冰雪风雨中，想象战斗在枪林弹雨下的这位年轻的、书生样的副政委每晚在油灯下、月光下奋笔而书的场景，都会让人有种不期然的心酸和感动。

每一段日记，哪怕只是短短的几句话，背后都承载着浓重的时代缩影。开会、商谈、战术、牺牲、家信、去留、彻夜长谈、返回延安、亲人相聚……我爷爷虽未逐日撰写，却也在他的《忆南征》中淋漓尽致地道出自己对国家、对民族矢志不渝的热爱。

我爷爷和王恩茂爷爷都不约而同地把王震爷爷为大家做鱼吃的情节，深深珍藏在自己的回忆中，字里行间那种战友间同生共死、义薄云天的真挚情感让人在心酸中萌发出不绝如缕的感动。

此外，二人在南下途中因“轻装”、因急行军，均有“丢书”的懊恼。在那个特别的年代，书，对于爱书的人是如此的珍贵，一旦迫不得已放弃，心头的那份难以割舍让人久久地痛惜不已。生命，总会在选择与放弃的重复中滑过，而他们当时的放弃是如此的无奈。每当我坐在国家图书馆现代化的阅览室里，翻看着自己想看的作品时，心，都会莫名地抽痛一下……心头总会回荡着一个声音：爷爷，你们的努力没有白费，后人，毕竟拥有了你们当年曾屡屡梦想却一时难以实现的读书环境，你们泉下有知，亦当欣慰而笑。

穆欣所著的《王震的三次长征》也深深地吸引了我：

> 整个部队全在山坡上露营，突然风雨交加；淋得人直打哆嗦。尽管又冷又饿，大家情绪仍然很高。大雨刚过，王震和王首道来看望战士。战士们正围着一堆堆篝火，有的烤马肉，有的烤衣服。王震走来，询问战士们：“这两天，你们都没搞到饭吃吧？”大家点了点头，都没吭声。有个青年战士轻轻叹了口气，小声说：“人要能够不吃饭、不睡觉就好了。”大家一听都笑了。王震笑着对坐在一边的作家周立波说：“周立波，你日后要写小说，就把我们这些人写成不食人间烟火，这样才有意思。”大家听了，不禁又一起大笑起来。

想象着一阵阵爽朗的笑声，内心深处却又禁不住一阵酸楚，一群多么坚强、豁达、乐观的军人啊！如果换作我们当代人呢？别说挨饿受冻，点滴的不适也许都会让人愁眉苦脸，这让人不由自主地发问：

和平年代我们该注重什么、追求什么？当年先辈们以生命为代价换来的自由与和平，放在今天，我们感恩了吗？珍惜了吗？为什么我们对生命和爱的诠释总是那么的苍白与肤浅？想来，和平年代最最缺乏的是对历史、对先人的重读与品鉴。重读历史，让我们学会思考；品鉴先人所为，让我们学会创造、学会感恩。

每每想到这些，我总会痴痴的，思绪飘出很远很远……

毛泽东在收到王首道进入长沙后的情况报告后，复电如下：

首道同志并告林邓(林彪、邓子恢)：

8月21日电收到，我们欢迎此类简单明了的报告而不欢迎冗长的沉闷的报告。

毛泽东

8月24日

八、开国省长

在中原突围"风雨欲来"的前夕，经周恩来亲自"点将"，王首道惜别同生共死近两年的南下支队战友，于1946年6月，辗转由汉口乘飞机直抵北京。叶剑英从全局形势、策略、工作方式等方面授意王首道，在完成军事调处工作、保持大局上的和平共处时，还要密切关注各方动态。王首道随后于月底奔赴沈阳，以少将身份和伍修权一起，接替饶漱石和李立三，共同负责军事调处执行部第27小组(简称东北小组)的工作。

在国共达成停战协议时，国民党方提议成立军事小组，以便制定相应措施，整编中国军队。军事小组于1946年2月14日正式成立，国民党方代表为张治中，共产党方代表为周恩来，美国总统特使马歇尔担任高级顾问。随后，"北平军事调处执行部"成立，由美国驻华使馆代办饶伯森、中共中央军委参谋长叶剑英、国民党参谋本部第二厅厅长郑介民共同组成军事调处"三人委员会"，在全国各地派出36个执行小组，分管各地区军事整编工作。

1946年6月，国民党悍然撕毁停战协议，内战的炮火转瞬间燃遍东三省。7月，组织上指派王首道赶赴哈尔滨，主持东北财经工作。不久，东北局成立财经工作统一机构——“财办处”，王首道担任主任。1946年10月出任东北经济委员会主任。1948年春天，委员会改组为工业部，王首道担任工业部长……截至1949年1月，东北根据地担负了入关作战的第四野战军数十万人的全部费用，并支援关内80万吨粮食、150万立方米木材、20万吨钢材等物资，成为第四野战军坚实的后备供给力量，工业部门起到了举足轻重的作用。

1949年3月5日，王首道参加了著名的“西柏坡会议”。会后随军南下，和平解放长沙就此拉开了帷幕。前期由国民党起义将领陈明仁担任临时政府主席，1949年底，王首道正式就职中共湖南政府主席，成为中共建国后湖南省“开国省长”。

解放长沙　兵不血刃

2006年10月27日，《解放日报》曾载《开国省长、书记——湖南省省主席王首道》一文，详细介绍了王首道这一时期的活动：

在西柏坡会议前，毛泽东通过广泛接触湘籍人士和阅读湖南省工委的工作汇报，得知了时任国民党长沙绥靖公署主任兼湖南省政府主席的程潜倾向于和平解决湖南问题的意向。因此中共中央较早地把湖南问题提到了工作日程。七届二中全会上王首道递补为中央委员实际上是为安排他今后的工作进行铺垫。

会议结束后，中共中央即成立了中共湖南省委员会，当时仅确立了黄克诚为书记，王首道、金明、高文华为副书记，并拟确定王首道担任湖南省人民政府主席。因为黄克诚同志担任天津市军管会主任，一时不能离开，他直到开国大典之后才到湖南就职，高文华亦未到职，因此这段时间的实际工作是以王首道为首主持的。

接管省政权首先需要干部。王首道和金明合作伊始做的第一件事就是从河北、山西及东北老解放区、部队挑选一批可靠同志，作为入湘干部，整装待发准备尾随大军南下。

4 月，中国人民解放军第四野战军根据中央军委的命令在林彪、罗荣桓的率领下，兵分三路，开始向中南进军，南征作战。王首道率领中共湖南省委及其入湘干部随大军南下。5 月，中共湖南省委机关在河南开封宣布正式成立。6 月，武汉解放，省委机关和入湘干部到达汉口，在这里他们一方面进行集中整训学习，另一方面按照湖南原有行政区划对干部作了大体分工。

随着湖南和平解放谈判工作的步步深入，王首道为首的湖南省委机关工作也在有条不紊地进行。7 月 5 日，中共湖南省委在汉口举行干部大会，宣布了主要干部的配备名单，王首道在会上发表讲话，号召全体入湘干部端正态度，遵守纪律，克服困难，为解放湖南人民而努力奋斗。在此之前，王首道来往于四野、程潜、湖南地下党组织和中共中央之间，为加速湖南的和平解放而努力。

……

此时驻守长沙的是国民党华中“剿总”副司令兼 71 军第一兵团司令官陈明仁的部队，程潜担任国民党湖南省政府主席。为策反程、陈，中共方面做了大量工作。根据姜铁军、王维广、覃艺合著的《风卷残云》一书记载，早在 1949 年 4 月，毛泽东就委托民主人士章士钊转达对程潜走和平道路的愿望。为此，章士钊亲笔写信给程潜。在信中，章士钊赞扬毛泽东是中国历史上前所未有的杰出领袖，殷切期望程潜深明大义，当机立断，毅然发动起义。

这一时期处于秘密状态、由周里负责的中共湖南省工委，同样希望以最有利于人民的方式实现湖南解放。遂决定成立以共产党员余志宏为组长的军事策反小组，实现湖南的和平解放。接到任务后，余志宏以省府顾问方叔章为突破口，接触到了程潜关系圈，一步步影响程潜身边的军政大员向共产党靠拢。随后，余又请来与地下党有密切联系的程潜族弟程星龄做程潜的工作。最后，地下党又通过关系让思想进步的程潜长子程博洪回长沙劝说程潜。多方努力下，程潜逐渐坚定了和平解放长沙的信念，终于在 1949 年 6 月，签署了要求和平解放长沙的《备忘录》。

王首道接到省工委转来的《备忘录》喜出望外，信中称“爰本反蒋、反桂系、反战、反假和平之一贯态度，决定根据贵方公布和议 8 条 24 款之原则，谋取湖南局部和平……”很显然，程潜非常肯定地表达了希望和平解放长沙的意愿。

“止戈为武，不战而屈人之兵，乃兵家上上之策。长沙人民就此免去了一场生死难料的血光之劫！大批建筑、资财更可免于战火！太好了！”王首道高兴地读着程潜的信，随即在第一时间将信件送给林彪，同时立即电告毛泽东。

毛泽东回电称，程潜是孙中山的老部下，要很好地对待，如能争取程潜和平起义，则将对西南地区产生良好的影响。中共中央还决定派遣前国民党高级将领李明灏南下，李明灏与程、陈均为至交，由其敦促二人和平起义显为明智之举。回电后面还附有毛泽东发给程潜的电报，落款为“弟毛润之”。

收到回电后，王首道立即叫人用正楷将电文誊写清楚，交给长沙地下党组织，请他们开始同程潜接触。此时，程潜计划争取与陈明仁共同起义，而国民党当局则要求陈明仁率部撤离，并派邓文仪前往长沙专门做说服陈明仁的工作。陈明仁虽已向程潜表示“以程主席的意志为意志”，但并非毫无顾忌。此时，邓文仪听说“长沙机场附近发现了解放军”，未来得及做陈明仁的工作便连忙逃跑。于是经过谈判，陈明仁提出几项条件，其中重要的一条就是解放军不能进驻长沙，由他们的部队维持秩序。

中共湖南省委则表态：其他条件都可以商量，唯独这条不能让步。解放军已是兵临城下，进驻长沙势在必行。

谈判在进退上极有分寸，为免长沙态势因急于求成而失衡，省委经研究，最终同意了陈明仁要求担任湖南省临时政府主席的要求。

据凌辉著《湖南和平解放平江谈判内幕》记载，人民解放军第四野战军占领武汉以后，继续向湘鄂边界进军。

遵照中央军委指示，中共方面组成了以金明为首席代表的和谈代表团。代表团成员有唐天际、袁任远、解沛然、李明灏。代表团于7月22日下午到达平江，住在平江县城郊天岳书院。天岳书院是平江起义旧址，平江县立中学所在地。这天正是彭德怀、滕代远、黄公略发动的平江起义21周年纪念日。

陈明仁得知解放军已组成包括有李明灏在内的和谈代表团到达平江，于24日晚致电在邵阳的程潜回长沙，并准备派程星龄、李君九去平江邀请老朋友李明灏先来长沙商谈。

7月27日，程星龄、李君九在中共湖南省工委委员欧阳方陪同下来到平江。程星龄对金明等人说：程潜已于21日去邵阳，他没有任何条件，只是盼望解放军尽快进军。关于交接方面有待商谈的事项，可待解放军进驻长沙后再谈。他还说：我们是受陈明仁的委托来邀请李明灏先生到长沙去协商的。金明等代表同意了程星龄的要求。并告诉他们：起义部队不拆散，干部不调动，但要服从人民政府的制度。程星龄、李君九表示同意。29日，李明灏、程星龄等同车秘密回到长沙。同日，程潜也由邵阳秘密返回长沙。

李明灏应邀来到长沙后，会见程潜和陈明仁，三人为多年故交，对和平解放长沙进行了开诚布公的商谈。根据中共中央和代表团有关和谈的原则性意见，几经磋商，初步达成了如下协议：成立以程潜为主任的湖南人民临时军政委员会；成立以陈明仁为主席的临时省政府；所有起义部队集中整训改编。随即，程潜、陈明仁迅速进行起义的各项准备工作。

8月4日，程潜、陈明仁正式对外发布起义通电，郑重宣布脱离广州政府，加入中共领导之人民民主政权。

8月5日，中国人民解放军先头部队138师举行入城仪式，列队进入长沙市区。全市民众敲锣打鼓、燃放鞭炮，对人民子弟兵表示热烈欢迎，锣鼓鞭炮声响至凌晨。值得一提的是，1930年8月5日，国民党军队攻打长沙，矛头直指刚刚在长沙成立数日的湖南省苏维埃政府，形势逆转。红三军团撤往平江长寿街，省苏维埃机关也随军撤往长寿街……19年后，长沙再次回到人民手中。

11日，中共湖南省委机关进入长沙市。王首道、金明和长期在湖南坚持地下斗争的中共湖南省工委领导人周礼见面，研究两班人马会师和会师后的各项工作问题。

20日，中共中央来电批准省工委与南下的省委合作，成立新的中共湖南省委员会，由黄克诚任书记，王首道、金明、高文华任副书记，黄克诚、王首道、金明、高文华、周礼为常务委员。从此，湖南新政权建立了强有力的核心与重心。因已同意陈明仁担任临时政府主席，直到1949年底王首道才正式就职中共湖南政府主席。

长沙的夏夜燠热而宁静，王首道在灯下挥汗草拟着写给中共中央的电文《我入长沙情况报告》：

> 我入长沙10日来，观察情况，简报如下。
>
> (1) 我军进入长沙后，秩序良好，除防空外，日夜市面如常，几乎听不到枪声。解放后半月来，仅发现4件小抢案，除白匪破坏，搬走大量资材(株洲铁路工厂及十一兵工厂已搬散外)，二十军原驻军区无大破坏。从汨罗到株洲湘潭段，铁路已通车，从长

沙到武汉的航运已通，长沙电厂及其他工厂尚好，湘潭电机厂尚完整，群众热情很高（可与北平相比）。我军进城时，有7万人欢迎，群众热爱我军，称赞纪律好，热烈劳军支前。市民喜用人民币，对成立军管会甚表欢迎。现已建立银行供贸司，人民币黑市由2 800降至2 400。现正调查情况，布置借款，并令税务局亦改收人民币。此次造成顺利地和平解放长沙的新局面，除各种有利条件外，主要是由于执行了毛主席指示，用和平方式，争取了程潜、陈明仁和平起义，与地下党配合。

(2) 见程陈后，观察程潜确系开明，对和平及大局有远见。陈为人刚愎自用，好大喜功，无甚远见，常因小失大。惟因局势已明朗，特别是毛朱几次来电及代表团多方工作后，陈明仁本人及部队大体上已稳住。除叛变部队外，尚约有5万人，但未经改造，仍不巩固。

(3) 目前，长沙分区8个县，已有159师及地方干部分散各县工作。这个分区的工作，已大部分散到区乡。常德分区7个县，因指定为地方武装之160师常年分散，虽干部已到各县，但尚未展开工作。这两个区却已进行供粮、剿匪、改编地方武装等工作。益阳分区6个县，均已解放，但干部刚到，已决定作地方武装之162师尚在河南，无法掩护工作，当地姜亚勋部武装，不能完全担负掩护地方工作的任务。工作尚未铺开的衡阳、邵阳两个地委，已派干部随军前进，组织部已准备抽300名干部，随军入湘西工作。各县山区粮食收成，估计都有七成。滨湖各县灾区，多已补种，可望收获五成。灾情不像报纸上宣传的那样严重。长岳、常沣、益阳、邵阳、衡阳5个区，已布置工作，供粮3万斤，已收集一部。目前，各地土匪及冒牌杂军甚多，乡村秩序混乱，迫切要求分散武装。现在，地方工作重心是剿匪安民，恢复交通。我经过平浏等地时发现两大问题：一是正规部队不愿分散建制，乡村秩序未动，很难铺开工作；二是外来北方干部很难地方化，没有本地干部参加工作，很难使政策与群众结合。因此，必须大力提拔与培养本地干部，同时请求林邓分别将160师、162师迅速交地方军区，分散掩护地方工作。

(4) 根据当前新的军事情况与陈明仁之个性来看，目前，陈明仁的省政府主席职务不宜改换。在军管会已经成立，并已接管市政府及省政府之财政、工商、交通等部门后，暂时维持现状，等到军事进一步发展，收复衡、邵后解决更为有利。

(5) 系统报告，待收集材料后再报。湖南工作繁重，请催黄克诚同志病愈速来组织领导工作。

王首道

1949年8月20日

毛泽东在收到王首道进入长沙后的情况报告后，复电如下：

首道同志并告林邓：

8月21日电收到，我们欢迎此类简单明了的报告而不欢迎冗长的沉闷的报告。

毛泽东

8月24日

建设新政　造福桑梓

1949年10月1日，在《义勇军进行曲》嘹亮的乐曲声中，毛泽东主席庄严宣布："中华人民共和国、中央人民政府，今天，成立了！"毛泽东亲手按动电钮，第一面五星红旗在天安门广场上冉冉升起。与此同时，代表参加中国人民政治协商会议第一届全体会议的54个单位的54门礼炮齐鸣28响，标志着中国共产党领导中国人民英勇奋斗28年，终于取得了中国新民主主义革命的最后胜利……

夜深人静，王首道结束案头工作从办公室走出来，信步街头，初秋的长沙已经透出丝丝的凉爽。开国大典已有时日，耳边却总回响着老师毛泽东那浓重的湖南乡音："中华人民共和国、中央人民政府，今天，成立了！"28年的努力，使一个只拥有地理版图意义上的国家终于成为真正的主权国家！自1926年参加广州农讲所，将个人命运与国家危亡紧紧联系在一起，到新中国成立，转瞬间竟过了24个年头儿，同国家命运一样，虽屡经挫折，但毕竟随着新政权的诞生，穷苦人已是真正当家做了主人！那个当年在田野间发誓要改变这个世道的苦孩子，如今已成为主持全省工作的公仆，家乡湖南，我自农运、湘赣地下组织、随359旅南下，多少个日日夜夜都在你的怀抱中砥砺耕耘，如今怎么做才能把你治理得更好？

此时的湖南，可谓困难重重，问题成堆。面对错综复杂的形势，工作应从何入手？进入长沙后，中共湖南省委领导层内分别有两种意见：一种认为湖南既已解放，就应立即掀起革命高潮，实行民主改革，进行减租减息，这样可以造成声势，扩大影响，鼓舞人心；另一种意见则认为湖南是和平解放地区，存在统一战线局面，不应过分追求表面上的轰轰烈烈，而应把现有干部派到下面去，抓紧接管城乡、剿匪和筹粮支前三件大事，并团结程潜、陈明仁及其部属，以稳定局势。

对于这两种意见，王首道没有压制任何一方，而是组织大家进行了多次深入的讨论，经过几次座谈后，省委决定采取后一种意见。很快，几千干部被派到农村和城市各接管单位。在军政委员会和临时省政府统一战线形式内，中共和湖南社会各方面密切协商，到开国大典时，不到两个月时间，各项工作均有了新进展。只是方方面面的一些问题一时间让人颇费踌躇。

回到家中，在保育院工作的妻子易纪均也回来了。从哈尔滨来到长沙后，纪均被组织上安排到保育院工作，保育院实质上就是长沙的孤儿院。纪均异常疼爱这些失去父母的孩子，常常住在院里亲手护理。

“累了吧？我去给你烧点水喝。”妻子迎上来。

“不用烧了，我不渴。工作上的累只是辛苦，不能算累，只是有些不大不小的问题，总让人劳神。”王首道坐在床边，摸摸女儿熟睡的小脸儿。

“你早说过打天下易，治天下难。全省人吃穿用度平安都放在心上，怎么能不累呢?”妻子心疼地注视着他。

“是啊，虽然全省统战、经济、交通、剿匪、教育稍稍有了些眉目，但问题也很多。比如随军南下的一些北方同志到了这里水土不服，说话也听不懂，想回去；还有就是几乎每天都有老乡亲朋找过来，要求安排工作；第三就是老百姓告状的多，收编过来的原国民党部队旧习难改，有时买东西不给钱，我们的思想改造工作还没完全到位。老百姓来告状也是天经地义的。这些问题都必须解决。真盼着黄克诚同志早点来湖南，虽然没经过战争破坏，但政府方面工作太多，我的工作重心要有所侧重，这样一些实际问题还能解决得快一些。”像是说给妻子听，又像说给自己听，窗外月色朦胧，王首道半躺在床边竟慢慢睡去，妻子心疼地叹息一声，轻轻地为他脱掉鞋子，把双腿平放到床上去。

10 月底，黄克诚参加全国第一届政协会议后，从北京赶到长沙，开始着手湖南省委工作。王首道的工作重点则逐步转移到政府核心内容，仅一年时间，剿匪及恢复生产等四项工作得到了质的改变，《潇湘黎明》曾作详细报道。

湘西，沟壑纵横，峰峦起伏。

一个深秋的下午，王首道和随行人员一起走下山来，看看四周一片静寂，几个人便坐在溪边大石上小憩着。

“我们这次来实地调查很有收获，这湘西28县真是洞穴连绵。尤其与鄂渝黔桂四省交界，历朝都是鞭长莫及啊！加上土地贫瘠，自然灾害严重，文化又落后，听说从宋朝以来，匪患就不绝。”王首道轻轻说着。

“是啊，听一位教书先生说，这里民国时期匪风尤烈，很多匪首利用这里的险要割据一方，打家劫舍、奸淫掳掠、袭击商旅、欺压百姓，无恶不作。真是苦了老百姓了！”随行人员叹息着。

“据我们掌握的情况，敌方溃败时曾有计划地留下特务土匪武装总共20余万人，明抢暗盗只是表面现象，久之后患无穷。我在南下支队时，对这里的地形和具体情况有些了解。光靠部队进剿会很吃力，最好进行政治教育攻势，同时还要发动群众。已经解放了，他们恐怕心里已经明白大势已去，多数人其实还是想过太平日子的。很多工作不能孤立地进行，剿匪之外，治安、恢复生产、救灾都是大事，哪一项也不能落空，老百姓衣食无忧、平安度日是我们面临的头等大事！”王首道分析着，大家频频点头。

就这样，几经鏖战，湘西土匪12万余人被歼灭，整编游杂武装近8万人。湘西著名匪首陈策勋、陈子贤、张平等，均被活捉或击毙。潇湘电影制片厂1987年出品的电影《湘西剿匪记》真实地再现了这段历史。为此，中共怀化地委党办编辑了一本《剿匪回忆录》，作者都是当时剿匪斗争的直接参加者、组织者和指挥者。回忆录真实地再现了当年的剿匪情景，王首道亲撰的《在湘西剿匪的日子里》也被收编其中。

治安方面则执行了镇压与宽大相结合的政策，发动群众，组织力量侦破匪特破坏事件。一年间共破案695起，其中暴乱、暗杀占465起，破案率在80%以上。此外管制与改造扒手工作、交通、消防、户籍等多项工作渐入正轨，新的生活秩序取代了原先的杂乱无章。

王首道深知，医治战争创伤，恢复生产、战胜灾荒，是接管湖南后的主要任务。战争已经结束，但水旱之灾却连年不断。据此，湖南省人民政府发出“生产自救、以工代赈”的号召，积极采取相应措施，不仅使灾民度过了灾荒，而且平均每日有27万余人修复堤坝，湖南境内722个溃垸、渍垸共计427万余亩垸田恢复耕种。全省山区修塘69 391口，修坝24 789座，114万亩土地免于旱灾。1950年春耕前，全省开展了减租退押运动，农民得谷5亿多斤。省政府先后发放生产及赈灾救济贷粮2亿多斤。

工夫不负有心人，一系列措施之后，全省粮谷生产达1.27亿余万担，超过原计划8%，较1949年增产稻谷20多亿斤；棉花收获27万担，较1949年增产4%。

与此同时，财政经济、民主建政与文教卫生、新闻出版等工作亦得到全面提升……接受记者采访时，王首道只认为自己在完成各项任务方面做了些努力，尽到了应尽的一份责任。如果说一年来的工作为后续的土地改革及建设新湖南创造了必要条件，那是党的正确领导及全省干部人民、解放军指战员共同努力的结果。

风雨故人情

首道同志：

杨开智等不要来京，在湘按其能力分配适当工作，任何无理要求不应允许。其老母如有困难，可给若干帮助。另电请派人转送。

毛泽东

1949年10月9日

遵照信中意思，王首道打开另一封信：

杨开智先生：

希望你在湘听候中共湖南省委分配合乎你能力的工作，不要有任何奢望,不要来京。湖南省委派你什么工作就做什么工作,一切按正常规矩办理,不要使政府为难。

毛泽东

1949年10月9日

两封信简捷明了,照顾老人、人尽其才是核心内容。此时,王首道完全理解毛泽东的心情,不是不念旧,而是这个口子开不得,否则湖南家乡亲朋好友众多,人人像杨开智一样要求工作重新安排,影响会很大。

经了解,杨开智1925年毕业于中国农业大学,并非没有专业技能,只是对原来工作的农场有些不满。针对他的专业特长,人事部门安排他在省政府从事农业方面的研究工作。杨开智工作非常努力,后成为湖南省农业厅技师兼研究室主任,并历任省茶叶公司副经理、省茶叶经营管理处副处长等职。毛泽东得知情况后,非常高兴,鼓励他们夫妇继续努力。

1950年10月,毛泽东再次致函王首道:

首道同志:

张次仑、罗元鲲两先生,湖南教育界老人,现年均70多岁,一生教书未做坏事。我在湖南第一师范读书时张为校长,罗为历史教员。现闻两先生家口甚多,生活极苦,拟请湖南省政府每月每人酌给津贴米若干,借资养老。又据罗元鲲先生来函说,曾任我的国文教员之戴仲谦先生已死,其妻七十岁饿饭等语,亦请省府酌予接济。以上张、罗、戴三人事,请予酌办见复,并请派人向张、罗二先生予以慰问。张、罗通讯处均是妙高峰中学。戴住新化,问罗先生便知。顺致敬意!

毛泽东

信中的好几处“酌”字，让王首道深深理解了毛泽东既难忘师恩，又不愿违反原则的初衷。对这位原名“张干”的张次仑先生，王首道倒是早有耳闻。

1915 年 6 月，湖南省议会公布一项决定：要额外征收师范学生 10 元学杂费，校长张干坚决执行。但这一决定遭到家境贫寒的大多数学生的激烈反对，斗争的矛头自然对准校长张干。学生纷纷罢课，校内外掀起了声势浩大的“驱张运动”，学生们在校园内大量散发传单。

“张干自到我们一师任校长以来，对上逢迎，对下专横，教学无方，贻误青年……”张干清楚地记得，当读到毛泽东起草的《驱张宣言》传单时，自己一方面因文章措辞之尖刻而恼羞成怒，一方面又为文章的磅礴气势所折服。

在教师杨昌济的干预下，张干终于让步。当学校通告栏里贴出校长签署的给毛泽东等学生记大过处分的决定后，学生们再次沸腾起来，坚决重申：“张干一日不离校，我们一日不上课！”

省教育厅无奈，只好将张干免职。张干在离开他执教 6 年的省立第一师范后说：“在学校只有校长开除学生，学生开除校长，这是第一次……”

二人的“渊源”并未就此结束。1945 年张干在邵阳市省立六中当校长，见报载蒋介石两度拍电报给毛泽东，请他到重庆进行和平谈判，张干便也电告毛泽东：“延安，毛润之学弟勋鉴：抗日获胜，建国弥艰，万恳应召赴渝，赞襄国政，幸勿固执，致失人望。”

唉！往事历历，殊难启齿，毛泽东能原谅自己吗？张干内心不无忐忑。

当先后两次接到省政府主席王首道送来的 1 200 斤救济米和 50 万人民币（旧币）的时候，张干激动得双手颤抖，泪流满面，拉着王首道的手说：“这、这钱米，张干受之有愧啊！”

“老人家，收下吧！自古师恩难忘啊！”王首道轻轻拍着老人的手背安慰着。

次年秋，张干应邀至中南海作客。回到长沙后，经研究，王首道根据“知人善任”的原则，聘任张干为湖南省军政委员会参议室参议，后聘为省人民政府参事室顾问，张干晚年过着幸福的生活。当年始料未及的是，自己一心要开除、要记大过的“大个子”学生，竟改变了一个国家的命运！且具如此博大的胸怀，非但不计前嫌，还这样关照自己。

1951 年 11 月 21 日，毛泽东再度写信给王首道。

首道同志：

请酌予此人以生活上的照顾。据周世钊校长说，此人一生办教育，似无劣迹。

毛泽东

信中“此人”即指李醒安，曾在湖南一师当过教员，周世钊曾任一师校长。

王首道再次深深地感动了，谭嗣同在《浏阳算学馆增订章程》中刻意强调“为学莫重于尊师”。百余年来，尊师重道之风在这方水土上繁衍着。毛泽东所托之事皆与师道息息相关，前文说的杨开智，亦为其师杨昌济之子。

王首道接到信后，即派省政府办公厅工作人员与周世钊联系，找到李醒安的详细地址，在生活上给予了妥善安排。李醒安激动得热泪盈眶，做梦也没想到当年的学生如此重情，事隔多年还惦念着自己这位当年的“先生”。

1952 年春天，王首道接受组织安排，即将离湘赴京担任交通部第一副部长兼党组书记。3 月 14 日，湖南省人民政府、省政协举行联席会议，欢送王首道北上赴任，欢迎新一任的湖南省政府主席程潜、第一副主席金明到任。

会上，省委书记黄克诚对同甘共苦近3年的“老搭档”王首道作出了这样的评价：“王首道同志主持湖南省政两年多，替湖南人民做了很多工作。在他的努力下，两年多来，湖南省无论在政治、经济、文化教育各方面都取得很大成就。替湖南今后工作打下了巩固的基础。”黄克诚有些激动，停顿了一下，继续说：“王首道同志的为人，大家知道得很清楚。他忠心耿耿为人民服务，积极负责，廉洁奉公，艰苦朴素。他虽然对人民有许多贡献，但毫不骄傲，谦虚和蔼，值得每个同志学习。我们预祝他在新的工作岗位上发挥更大的作用！”

掌声在大家的频频点头下经久不息，马上就要离开家乡湖南和朝夕相处的同志们了，激动和不舍交织着，王首道缓缓说道：“我自认主持湖南省政府工作近3年，在同志们的支持和帮助下，工作还是努力的，为振兴家乡湖南尽心尽力是我这个湖南人义不容辞的义务！解放后这两三年，湖南发展也比较快，我相信大家有能力让这种发展势头能延续下去。不可否认，我在工作中难免出现这样那样的失误和不足，但作为一个老共产党员，我会认真总结教训，活到老、学到老，在新的岗位上继续努力！”

乃馨寄语：长沙和平解放，城市、民众免于战争血洗，同北平一样，清清楚楚地被载入史册，让后人去借鉴、去感慨、去品评……60多年后读来，兴趣盎然之余更有些后怕，假如程陈中途变卦、假如爷爷派人送出的信未能及时送达、假如队伍没有如期进城……一切又会是什么样子？可惜历史不存在假设，发生的就是发生的，无论幸运还是残酷，都由此替爷爷松一口气，毕竟，长沙古城和长沙人民是幸运的，建筑和民生得以平安维系。

读着爷爷写过的关于长沙的回忆，感触着爷爷奶奶曾经的“激情燃烧的岁月”，更在不停搜读着长沙和平解放的相关报载——

《长沙晚报》：长沙和平解放时，赵昌绪年仅20岁，担任民政助理……接管以后，各项工作千头万绪，百废待兴。当时人民解放军二野和四野主力部队经湖南向西南、华南挺进，部队吃饭穿衣都很困难，需要钱、物支援，再加上长沙的工厂、商店很多都关门倒闭了，失业人数剧增，所以他们一方面要借款支前，另一方面想方设法和工厂、商店老板协商，动员他们开工或开门营业。

《湖南日报》：长沙市公安局原局长王甸彬说：为保证人民解放军120万人马的粮草和上万干部的生活需要，保证各项建设事业的需要，保证运输线的畅通，在省委和各级党组织的领导发动下，全省已解放的广大农村迅速掀起群众性的征粮、借粮、支援子弟兵、支援前线的热潮，有力地支持了湖南乃至整个西南的解放。

……

读着一位位老人的回忆，也感同身受着爷爷彼时的光荣与艰巨，正如当年《潇湘黎明》所报道的那样，剿匪与治安、恢复生产与救灾、财政、民主建政与文教卫生、新闻出版等工作千头万绪，想来爷爷和他领导的省委工作人员均恨不得生出“三头六臂”！战争确实结束了，但战后建设同样是摆在人们面前的重要课题。爷爷和他们那一代人是坚强的、更是睿智的，他们用智慧和努力开拓出湖南崭新的一页！

“无情未必真豪杰”，毛主席和爷爷又都是重情的，正如爷爷对讲习所期间的“师恩难忘”一样，毛泽东主席也同样念念不忘曾经对自己谆谆施教的先生们，物质上的帮助是有价的、更是短暂的，而那种在物质匮乏的年代，超越钱物本身、流淌在师生间无可言喻的浓浓的情谊和高尚的情操却是无价的、永恒的！

此外，爷爷还帮助著名作家丁玲安抚过她的老母亲。每当读起《莎菲女士的日记》等经典文学作品，心头都会因为爷爷对作者的慨然相助而感到暖暖的。

岁月如梭，当 2009 年建国 60 年“大庆”到来的时候，看着电视屏幕上一辆辆代表全国各地、各行业的彩车缓缓走过，当湖南的彩车走进视线时，心底始终回荡着一个声音：爷爷、奶奶，快回来看看！建国 60 年，你们离去已有十几年，我们的田野、我们的城市早已日新月异，换了人间！

才饮长沙水，又食武昌鱼。万里长江横渡，极目楚天舒。不管风吹浪打，胜似闲庭信步，今日得宽馀。子在川上曰：逝者如斯夫！

风樯动，龟蛇静，起宏图。一桥飞架南北，天堑变通途。更立西江石壁，截断巫山云雨，高峡出平湖。神女应无恙，当惊世界殊。

——毛泽东《水调歌头·游泳》

九、天堑变通途

从长沙到武汉的快捷便利、将“天堑”变作“通途”的武汉长江大桥、展望中的三峡大坝工程……毛泽东这阙创作于 1956 年的《水调歌头·游泳》形象生动地诠释着建国 7 年后中华人民共和国交通建设的日新月异。

1952 年 4 月，王首道就职交通部。1954 年 10 月，调任国务院第六办公室主任，仍兼任交通部副部长、党组书记之职，负责交通、铁路、邮电、民用航空等部门工作。上任之前，王首道就了解到部长章伯钧身兼中国农工民主党主席、民主同盟中央第一副主席，另一位副部长亦为民主人士。王首道深知，在交通业务这一本职工作之外，统战工作更是不容忽视，尊重和诚恳是最好的团结方式。这一时期，我国交通建设事业取得了突飞猛进的发展。

一桥飞架南北

1956 年春天，王首道与“六办”副主任郭洪涛来到武汉长江岸边，实地考察长江大桥修建情况。江上，汽笛声声、碧空远映，遥想当年自己随南下支队飞渡长江天险，那种永难忘怀的惊心动魄仿佛发生在昨天，而转眼间竟已走过了 11 年！4 000 多个日日夜夜中，从东北，再回湖南，再到北京，尤其在交通部工作的几年中，可谓走遍长城内外、大江南北，青藏高原、云贵高原、天山脚下、滨海沿线，一张张图纸、一架架探测仪器、一道道对未来建设充满希望的目光交织中，天兰、兰新、鹰厦铁路，康藏、青藏、新藏公路悄然出现在新中国的版图上……这些，凝聚了多少人的心血和汗水，又能造福于多么庞大的人群啊！

“王主任，又在抚今追昔了吧？”郭洪涛笑着问道。

“我在想，人民解放军当年百万雄师过大江，突破长江天险。如今我们下大力气在天险之上架起彩虹一样的大桥，通火车、通汽车……交通设施这东西，用好了造福万人，用反了就会‘谋害’苍生啊！”王首道沉思着。

“是啊，设计、施工稍有差错就会在将来的使用中出现生命和财产两方面的危险，确实丝毫马虎不得。”郭洪涛也慨叹道。

“交通事业就是这样，我们不能因为可能出现危险就停止发展，唯一可取的做法就是谨慎建设，把可能发生的危险降到最低。安全和建设速度哪一项也不能丢。”望着江上纷飞的水鸟，王首道的思绪还沉浸在工作中。

“是这个道理，自国务院‘六办’工作开展以来，铁路、水路、公路、民航、邮电等方面工作已经打开了新局面。就说咱们 1955 年的工作吧，水运、汽运超额完成计划任务。这就意味着运输部门为保证工农业生产和扩大商品流转，提供了良好的支持，铁路、民航的发展也是有目共睹的。各部门去年下半年还举行了劳动竞赛，既提高了工作效率、节约了能源，还降低了运输成本，这件事看着像游戏，但从大局和长远利益上讲，都不是小事！”郭洪涛如数家珍地总结着这几年的工作。

一连数日，王首道和郭洪涛都深入长江大桥建设工地，与技术人员、工人共同探讨各种问题，全方位了解工程进展情况。

苏联专家见这位交通部副部长丝毫没有架子，几天来在工地上认真听取各方面的意见，并且非常关心大家的生活，于是根据以往经验，结合长江武汉段实际情况，很快摸索出一套独特的浇筑方法，建议改变传统浇筑方式，用新方法修建长江大桥。

王首道在认真听取专家意见后，再次组织技术人员进行技术论证，就这样经过反复的考察与测算，果断采纳了苏联专家的建议，并鼓励专家们说："你们的建议很好，只要有科学根据并切实可行，就应该大胆采用。我代表中国人民感谢你们！"

工夫不负有心人，在全体设计、技术、施工人员的共同努力下，武汉长江大桥提前一年完成，于1957年10月15日正式通车。武汉长江大桥的建成，仅仅是新中国建设蓝图中的一个"画面"。

1958年8月，国务院"六办"被撤并，因章伯钧被打成"右派"并撤销交通部部长职务，王首道出任交通部部长兼党组书记。

《伟大的十年》一书收编了王首道撰写的《加速发展交通事业》一文，文中写道：截至1958年底，我国公路通车里程已达40万公里，也就是平均每年增加4万公里公路。特别是新中国的筑路英雄们，在毛主席"为了帮助各兄弟民族，不怕困难，努力筑路"的伟大号召下，劈开了奇峰峭壁，穿过了雪山戈壁，在世界屋脊上修通了康藏、青藏、新藏等著名的公路。解放前，全国汽车货运量每年最多只有819万吨，1958年已达1.763亿吨……全国轮驳船货运量解放前最多的年份只有1 264万吨，而1958年已达7 636万吨。

人间真情

"'感谢'二字已经表达不出我对首道同志的感激，不是他多方奔走查证，我的冤屈恐怕这一辈子也洗不清了！更别提政治生命、个人名誉……这些年感动的不仅仅是我的个人问题，而是首道同志实事求是、刚直果断的政治品格！”1995 年，86 岁的原“六办”副主任郭洪涛发出这样的感叹。

随着海陆交通、邮电建设领域的快速发展，国务院“六办”主任王首道、副主任郭洪涛一起，从高原到海岸，几乎跑遍了铁路、公路所能“延伸”到的全国各地，公务之余，王首道也了解到郭洪涛关于陕北问题的“心病”。

在《毛泽东选集》以往的注释中，这样写道：以朱理治、郭洪涛为正、副书记的陕甘晋省委于 9 月 17 日成立，他们取消了“西北工委”、“军委”，推行“左”倾冒险主义主张，作出错误的肃反决定，逮捕以刘志丹为首的大批革命同志，枉杀了不少好同志，造成陕甘根据地的严重危机。

溯本求源，这一结论是根据 1942 年 12 月中央《关于 1935 年陕北肃反问题重新审查的决定》所下的，《郭洪涛回忆录》对此作了详细陈述。

很显然，郭洪涛为此担负巨大的思想压力，而王首道当年被中央派往瓦窑堡处理“刘志丹事件”时，曾向当时任陕甘晋省委副书记的郭洪涛多次了解情况。郭洪涛当时即表示，自己个人认为逮捕刘志丹等人是错误的，并把当时的所知所见对王首道进行了全部真实的陈述。

没有人比王首道对这一事件的来龙去脉了解得更清楚，只是选集已出，想要立即更正肯定没有想象的容易，但王首道没有放弃，在一次与刘少奇的谈话中，主动提出了这一问题。得到刘少奇的支持后，王首道又将此事面告邓小平，邓小平同样表态：“凡搞错了的事情，不管结论写在什么地方，都可以重新审查纠正。”

不久王首道收到邓小平的一封亲笔信：“首道同志并告郭洪涛同

志，中央同意重新审查关于陕北肃反的责任问题，请将有关材料直接送中央监察委员会。”

1960年，中共中央转发了中央监察委员会文件，并致函郭洪涛本人。信称“郭洪涛同志，中央监察委员会1959年11月23日的关于郭洪涛同志几个历史问题原审查意见，已经中央批准……”

中央监委《审查意见》指出：“一、1935年陕北肃反错误是严重的……这一事件应当由当时中央北方代表派驻陕北代表团书记等同志负政治上的主要责任，直接负责的是陕北保卫局长、陕北军委会主席。郭洪涛同志当时是陕甘晋省委副书记……对陕北错误肃反也负有政治上的责任。但是，就整个肃反过程来看，郭洪涛同志不是肃反主持人，没有诬害刘、高的意图，逮捕张秀山同志他事先不知道，也不同意把刘志丹、高岗、张秀山当反革命处理。在肃反初期，郭说过‘杀了我的头也不相信刘、高、张是反革命’。中央到达陕北不久，郭也向当时王首道等同志表示过类似的意见。根据以上情况，郭洪涛同志于1956年向中央提出的申诉，说他不是1935年陕北的错误肃反的主持人，他没有诬害刘志丹、高岗的意图，是符合事实的。二、郭洪涛同志不存在拒绝迎接中央红军的问题。三、罗荣桓等同志证实湖西肃反主要是由于湖边地委和区党委一些负责干部轻信了个别坏人的挑拨和采用了错误的逼供信方法造成的，并不是郭洪涛同志对本地干部采取宗派主义打击政策的结果。因此，1942年《中央关于1935年陕北错误肃反问题重新审查的决定》中，与事实不符的结论，都应该修改。”

从此，郭洪涛背了17年的莫须有的罪名，终于被历史事实和中央所否定，郭洪涛如释重负。

得到确切消息的时候，郭洪涛激动得难以自已，含泪紧紧握着王首道的双手，很久说不出话来。真挚的同志情谊在走过25个年头后，竟如此历久弥醇！

无独有偶，王首道冒着政治风险为周惠安排工作的事宜，更在很多年后在老朋友们中间传为美谈。

王首道任湖南省人民政府主席时，周惠为益阳地委书记。因工作能力强、敢于直言，同先后就任湖南省委书记的周礼、周小舟，并称湖南“三周”。

1959 年庐山会议上，因针对部分社会问题提出了一些尖锐、中肯的意见，因而与彭德怀、黄克诚、张闻天、周小舟一起被批为“彭黄张周周”。尽管毛泽东在会议即将结束时，将最后一个“周”字一笔勾掉，但周惠还是被撤职，等待重新安排工作。

周惠的遭遇是可想而知的，因庐山会议被撤职的人，哪里敢任用？谁担得起这个责任？四处碰壁后，周惠想到了当年的老领导。

乍见周惠时，王首道几乎没认出来，仅仅七八年未见，当年意气风发、敢想敢干、正值壮年的老部下竟衰老了很多。

“首道书记，落难思故旧，想到了你……”周惠哽咽着。

“先坐下，慢慢说，只要我能办得到，一定会尽力而为，放心好了！”王首道递过一杯水，安慰着。

“首道书记，受了多少委屈不说了。但作为一名共产党员，最苦恼的是失去工作、失去为党为国出力的机会。我现在是山穷水尽了，哪里也不敢接收我，来北京就是想请你为我安排份工作。”周惠的直率又让王首道想起湖南，想起建国初期百废待兴的湘江岁月，同所有热爱湖南的建设者一样，周惠做出了应有的努力。只是造物弄人，也许每个人的人生都要面临不同程度的“起伏跌宕”吧。

“周惠同志啊，庐山会议的事我都清楚，你受委屈了！但还是要相信党、相信历史。你的遭遇我完全理解，在湘赣时我就被撤职下放过，我能挺过来，你也一定能挺过来！而且我不相信，一个国家七级干部、老党员，即便真的犯了错误，也不能不给出路！这样吧，别人不要我要！你就到交通部水运局来，当个副局长，怎么样？先委屈一下吧?”王首道微笑着说。

“首道书记,让我说什么好?这份恩情,让我周惠一辈子也忘不了!”周惠激动地站起来。

30年后,周惠回忆起这段往事,依然感慨万千:“首道同志最让人难忘的是他的品德和胸怀。没有他的帮助,那些年真不知道怎么走过来。在那个很多人落井下石的年代,他敢为我安排工作,其实冒了很大的政治风险!我心里清楚,他心里更清楚!遇上这样的人,真是我周惠一生的幸运!”

重创话担当

很多年以后,当王首道夫妇和邓颖超在广东省委珠岛宾馆见面时,邓大姐紧握着王首道的双手说:“首道啊,当年的‘跃进号’事件让你承担了全部的责任啊!”易纪均在旁赶紧接话说:“邓大姐啊,事情都过去这么多年了您还记着……快休息一下!”往事历历,三人的思绪再次回到1963年的“跃进号”事件。

新中国第一艘万吨远洋货轮“跃进号”,是由苏联专家协助设计,大连造船厂建造,采用当时最新的技术装备,能够续航12 000海里,可以中途不靠岸补充燃料直接驶抵世界各主要港口,能在封冻的区域破冰航行。船上装备全套机械化、自动化、电气化设备。“跃进号”自1958年9月开工建造,从船台铺底,到船体建成下水,只用了短短58天时间,其船台周期记录是世界的创举,标志着中国船舶工业水平的飞跃。为此,1960年12月15日,邮电部发行特种邮票以志纪念。

为配合发展中日贸易,充分利用我国沿海运输力量并节省国家外汇,交通部从1962年11月即开始酝酿开辟中日航线。

1963年4月30日,“跃进号”首航启程,载着1.3万吨玉米从青岛港前往日本。5月1日中午,“跃进号”在济州岛西南海域沉没,59

名船员全部脱险返国。

这一消息可谓举世震惊。王首道闻此恶讯心急如焚，身为交通部部长兼党组书记，首先意识到的是责任。在立即向党中央及周恩来总理报告的同时，连夜召开党组会议，研究后续处置措施。

在"跃进号"事件的调查座谈会上，周恩来严肃地说："'跃进号'出了事故，对于我们海军来说，对于交通部的船员来说，是个锻炼。我们这个'跃进号'的失事，就是没有重视和自然的斗争，同自然界的敌人作斗争，只注意同阶级敌人作斗争。"

王首道沉思着深深点头。是啊！从枪林弹雨中一路走来的新中国建设，面临的另一强敌是大自然难以抗衡的威力。科学，只有科学，才是战胜强敌的唯一利器。此时，海外媒体已有报道说"跃进号"被鱼雷击中。很显然，沉船的背后是错综复杂的国际政治矛盾，此外就是矛盾可能引发的战争。在此关键时刻，沉船的真实原因不可避免地成为国际上万众瞩目的焦点。

会后，王首道亲赴上海参加了调查工作。

人民日报社主办的《时代潮》杂志于2002年第18期刊登了李长如撰写的《调查跃进号远洋货轮沉没原因》一文，对沉船调查进行了详细描述：

> 经过72人次的水下作业，终于摸清了跃进号沉没的准确位置和确实原因。跃进号的准确位置是在苏岩礁方位148度，距离1.2海里，即北纬32.06度，东经125度11秒。其沉坐状态为船身左舷平卧海底，船首向北偏东15度。破损情况是，摸到破洞3处，凹陷5处，舭龙骨折裂一处。对苏岩礁的探摸情况是，在其西南角处发现一块长约3.5米、宽不到1米的平坦礁，岩礁有遭受触撞的明显痕迹，在被撞处的周围有很多岩石碎块，当时还取回8块。有3名潜水员在水下见到部分礁石上有紫红

色油漆皮存在。从沉船中和苏岩礁被撞处取回航海日志、六分仪、望远镜等29种物件，同时对跃进号船体3段合拢的两条焊缝，经过多次的核查，未发现破损或异常变化。因而，终于弄清了跃进号确实的沉没原因，系触礁而沉没，并非外电报道的被鱼雷炸沉，也排除了是因造船工艺有问题而沉没的。

经过前后共18天的缜密调研，一份数据翔实的"跃进号"触礁沉没的调查报告递至周恩来手中，周恩来对本次调查工作非常满意。中共中央、国务院、中央军委和总参谋部联合对此发出了嘉奖令。

新华社随后发表声明，披露了"跃进号"沉没的真实原因。

接下来一次次会议、一番番检讨，王首道明显地消瘦下来。很显然，引发触礁的真实原因共有三个：一是人员调换，因阶级斗争动向问题，一些有经验的工作人员被调换；二是航线错误，未能先期制定出有效避开礁石的航线；三是首次远航，航海经验明显不足。

尽管原因是多方面的，交通部还有主管的副部长及海运局局长专门负责，但身为部长兼党组书记，王首道依然认为自己的责任是不可推卸的。孙子兵法中早有"进不求名，退不避罪……国之宝"的说法，既然当初交通部力主"跃进号"海航原本就是为了国家利益并非"求名"之举，那么既然事故已经发生，为什么还要推诿责任而"避罪"呢？

1963年6月14日，王首道以个人名义作出检讨：

总理并中央：

……这次事故，不仅在经济上造成很大损失，更重要的是在国内外产生了很坏的政治影响。事故发生后，使总理和中央领导同志十分操心，扰乱了总参、海司等有关部门的工作秩序。为了组织现场探测，又耗费了很多人力物力。中央负责同志正忙于处理国外大事的时候，而我们却把应当做好的工作做坏了，犯了这样大的错误。想到这些，心情十分沉痛。

……

关于交通部党组集体的检查和对“跃进号”事件的全面总结，于本月底以前可分别上报中央。

上述检查报告，是否正确，请予指示。

王首道

1963年6月14日

1964年秋，根据王首道的个人请求，鉴于“跃进号”沉船事件的责任，中共中央和国务院同意他辞去交通部部长、党组书记职务，调往中共中央中南局工作。

乃馨寄语： 很小的时候，就看到爷爷珍藏着几条雪白的哈达。奶奶说那是康藏、青藏、新藏公路通车时，藏族同胞献给爷爷的哈达，爷爷一直收藏着，偶尔会拿出来微笑着、若有所思地端详一番，思绪仿佛又飞回那艰苦建设的岁月。想必爷爷接过哈达的那一刹那，心头的激动与欣慰远非语言所能形容吧！遥远的青藏高原，一条条蜿蜒、坚实的公路，你们可曾记得一批批建设者们凿石开路的身影？

50多年来，历经风雨沧桑的武汉长江大桥，巍然挺立大江之上，肩负着汽车、火车通过的沉重荷载，经受了无数次洪水、大风的洗礼，更承受了数十次碰撞事故的考验，依然雄风不减、屹立于汹涌澎湃的江水之上。

在武汉修建一座长江大桥是多少代人的梦想。据载自清朝就曾有过设想，在孙中山先生的《治国方略》中亦有规划，但限于当时国力，未能实施。

多少次，每当电视上出现武汉长江大桥的画面，我都禁不住心潮起伏：爷爷，是无数个桥梁建设者中的一员，透过滔滔的江水、宏伟的大桥，仿佛又看到当年爷爷在工地上往返视察、耐心听取意见的忙碌身影。然而爷爷的人生，又何尝不似这大桥一般，在负载着桥梁特殊使命的同时，更在经受着一次次的撞击！湘赣肃反、延安整风、“跃进号”触礁沉没……爷爷一生，历经打击，但晚年却从不曾对国、对党口出微词。永难忘记小时候在写给爷爷的信中曾引用的“小虎队”的格言：流出汗水，挥动肌肉，任凭风狂雨暴，舞出对生命的热爱！

此时，多想让歌声穿越数十年的时空，去安慰、鼓励那时的爷爷奶奶。

王首道同志于1964年秋至1978年夏在广东工作。任中南局书记处书记不久就爆发了“文革”。在“文革”的艰难环境中，他和许多高级干部一样受到冲击，但仍怀着耿耿忠心，坚持原则，坚持斗争，表现了共产党人无私无畏的精神。王老在“文革”中，不计个人荣辱，不怕困难挫折，讲究斗争策略……1976年10月，“四人帮”被一举粉碎，几天后，王老奉召进京开会，他抵京当晚就上了西山，同叶帅等领导人喝茅台酒庆贺，表达了他无比振奋和万分感慨的心情。

——孙铁钟《在王首道同志诞辰100周年纪念座谈会上的发言》

十、“文革”在广东

当岁月的年轮一层层展开，人生中一些不期然的事件也开始演绎着重复与“轮回”。

1964年深秋，王首道南下来到中南局，同第一书记陶铸恳谈后，来到家乡湖南从事了一段时间的“四清”工作，于1965年夏初回到广州，担任中共中央中南局书记处书记。史无前例的“文化大革命”开始了，一时间打、砸、抢、大字报、冲击党政机关、打倒“走资派”在全国范围内蔓延开来……此时，陶铸已调中央，中南局另外几位书记被打成“走资派”关进“牛棚”。遵照周恩来总理嘱托，由王首道和陈郁主持日常工作。这一时期，耐心说服造反群众、积极保护已调往湖北、湖南的王任重、张平化等干部及陈心陶、邝公道、蒲蛰龙、陈耀真、红线女等一大批“反动学术权威”成为迫在眉睫的重要工作。

1967年底，王首道出任广东省革委会副主任。1970年12月，中共广东省第三次代表大会召开，王首道当选为广东省省委书记。王首道深知周恩来总理的用意，广东地处南疆，海岸线长度居全国之首，为著名的“侨乡”，毗邻港澳，来不得半点“闪失”。共和国走到今天不容易，既然主抓这个省份的工作，那么就塌下心来，为群众做实事，生活稳定才是第一大事。

此后数年，广东省成为全国最早消灭血吸虫病、第一个恢复大学招生的省份，全省粮食产量也得到大幅提高。1976年，“文革”结束，王首道带头为一大批干部、知识分子平反，成为全国“解放”专家、教授最多的省份。广东，留下了王首道深深的生命足迹。

“文革”结束后，王首道带头平反了一批冤假错案，为那些饱受打击、迫害的干部、知识分子恢复了名誉。在清查与“四人帮”有牵连的人与事件中，王首道特别注重党的政策。“我们千万要慎之又慎，要重证据，重调查研究，不要再搞新的冤假错案！”

农业是根本

1970年12月，中共广东省第三次代表大会在广州召开，经周恩来总理点名，王首道当选为省委书记，瘫痪多年的省委机关，得以恢复相应职能。

人到中年，经历过湘赣“肃反”与延安“整风”，对一些特别事件的处理，早由年轻时的彷徨升华为此时的成熟与笃定。尽管混乱不堪的局势令人倍感痛心与焦虑，但应对措施与必须坚持的原则却已是成竹在胸。会后，王首道暗下决心，既然当选省委书记，就要为一省百姓做实事，最大限度地弥补前期动乱造成的损失。此时，“造反”的逆流向农村席卷而来，王首道要求省委机关坚决顶住，并明确表示：农村不比城市，农业发展是基础，全省人吃饭要靠农村生产粮食，如果都去“闹革命”，我们难道喝西北风？冲冲杀杀、喊喊叫叫是出不了粮食的!

为此,王首道带动省委领导班子,经常深入农村,掌握各地实际情况,认真倾听群众意见,充分调动群众的生产积极性。

东莞、汕头、南海……稻田畔、农舍里,省委书记的影子一一走过。

1973 年 11 月 3 日,广东省土肥建设现场会召开,王首道向与会人员作《全面贯彻农业八字宪法》的报告。

"农业'八字宪法'是互相联系、不可分割的。重点在土、肥、水、种,这是农业增产的基础。土、肥搞好了,加上水利过关,就可以做到旱涝保收,稳产、高产……搞土肥水农田建设,要有专业队,县、社、大队的和生产队都应根据各地劳动力和农田基本建设任务的情况,抽出一定劳力,组成各种农田基本建设专业队,人数一般可以分别占总劳力的 5%和 20%,汕头地区还可以多一些。东莞有的队亩产 2 000 多斤,汕头那么多劳动力,应该做到亩产 2 000 斤,这样每人有 5 分地就可以了,海陆丰还可以开一点荒。"王首道根据调研情况,从不同角度阐述着自己的看法,与会人员倾听着,认真做着笔记。

"全省'文化大革命'前有良种场、示范场、技术推广站 1 100 多个,据说现在只存下 700 多个。其中,原有良种繁育种场 150 多个,现在只剩下 30 多个;土肥站过去有 15 个,现在一个也没有了。要根据形势发展的需要,恢复和健全起来,使农业科学实验活动有阵地,有队伍。"大胆的分析和有理有据的判断,让会议气氛开始活跃起来,大家纷纷就水电、土肥、种子等问题提出建议。

"农业是国民经济的基础,能否大上快上,关系到国民经济的全局,是个战略问题。各行各业都要关心农业,支援农业……为了搞好今年的冬种和冬季农田基本建设,农业贷款、投资及农用'三大材料'要及时发放、调拨……财贸部门要及时做好农副产品的收购工作,要调查研究和合理调整农副产品的奖售办法,增加粮食的生产肥。要落实粮食政策，做好重灾区评灾减免工作，安排好群众生活，保证基本口粮，发展社会主义农业，强调自力更生，依靠群众，但国家应给予必要的支援。”王首道总结着会议精神，全场报以热烈的掌声。

在担任广东省委书记的七八年间，尤其在农业战线上，王首道把培养、选拔管理人才，也作为了一项重要任务，“德才兼备”是他对领导干部提出的基本要求。因此，相当多的“农业人才”在这特定的时期得到了足够的重视。

“王老在70年代任省委书记期间，常来南海县蹲点。为了小麦高产，他亲自给福建省晋江、漳州地委写信，要求对方派人来南海传经送宝，介绍小麦播种经验。就这样，我们县的小麦亩产由一两百斤提高到300多斤。每当我工作中遇到困难，就会想起王老的默默奉献。这样的公仆形象是最真实、最朴实的！”20多年后，当年的广东南海县委书记兼革委会主任梁广大，对很多事依然记忆犹新。

作为南海县当地人，梁广大曾先后担任区委书记、人民公社社长，70年代任南海县委副书记、县革委会副主任。省委书记王首道经常深入南海县蹲点考察，进行现场办公。在听取梁广大汇报工作时，发现他对全县的工农业生产、财政税收、人口地理等情况可以说了如指掌，俨然一个“南海通”，在当地威信很高。

梁广大认为，要把粮食生产尽快搞上去，鉴于当下体制，必须改革耕作机制，利用冬季发展农业生产，可以尝试将二茬改为三茬，就是秋收后种小麦，实现一年三熟，以冬促夏，带动全年农业丰收。

王首道对这个提议大加赞赏，认为非常符合广东实际。回到广州后，他向省委常委在通报蹲点情况后，特别介绍了梁广大的这一建议，并提议由梁广大担任南海县委书记兼革委会主任。梁广大不负所望，在任期间将南海县治理得有声有色。

无独有偶，广东顺德县委副书记、革委会副主任黎子流也有着类似的经历。1974年春耕之季，王首道来顺德考察，陪同他下基层的正是黎子流。王首道饶有兴趣地打量着这位县委副书记，一身农民打扮，介绍情况时语言简练朴实，尤其在地头上帮农民干活时，动作干净利落，一看就是农活行家。休息时坐到农民堆里和大家一起拉家常，丝毫看不出是县里来的干部。

王首道后来还了解到，黎子流是土改队员出身，当过乡长、区长、公社书记。"文革"初期当作"刘邓陶"的"黑爪牙"受过批斗，被撤销一切职务，与社员同吃同住同劳动。后来被调到珠江三角洲担任围海造田副总指挥。

黎子流自1975年起，先后任顺德县县委书记、江门地委书记，广东省政府特区办主任、广州市市长等职。王首道身边的工作人员，称他是"千里马"，称王首道为发现千里马的"伯乐"。

"我对王老印象太深了！每次来县里视察工作，都走村串户耐心听取老百姓的意见。从不对我们讲大道理，但我们可以从他身上，明明白白地看到党多年的传统，这样的领导才是'活教材'。有了这样的省委领导，广东在'文革'中少了多少劫难！"黎子流在很多年后这样说。

消灭血吸虫

"这么小的孩子肚子这么大，真急人！健康是人民群众生活中的大事，我们省委领导有责任啊！"在佛山三水一农户家中，王首道拉着孩子的小手，看着孩子比篮球还大的肚子，焦虑地叹息着。

"唉！乡间管血吸虫病就叫'大肚子病'。孩子今年8岁，下草塘去捉鱼摸钉螺。这血吸虫就寄生在钉螺上。又发烧又泻肚，身上还出皮疹。解放后政府也花了大力气，但这东西感染太快，又不容易根除，真是没办法。"孩子的父亲解释着。

接下来一连几个县的走访，类似的感染病例比比皆是。回到省委，王首道的思绪还停留在那些患者身上。怎么办？50年代，广东三水地区曾掀起“万人大会战”,疫情遏制大有改观,毛泽东主席曾作《送瘟神》以志感慨。只是“文革”袭来,很多实际工作被荒废,眼看血吸虫病大有“卷土重来”之势。不行!不能任由病情发展,党是人民的党,国家是人民的国家,没有看着群众害病坐视不管的道理。想至此,叫来省革委会生产组副组长寇庆延,语重心长地说:“庆延同志,我们党为人民服务的宗旨不是一句空话。解放已经20多年了,这‘瘟神’还没送走,广东省居然还有好几个县有血吸虫病。如果我们不尽快把这种害人的病消灭掉,怎么对得起广东乡亲啊?你是主管文卫、科教的负责人,能否拿出一个消灭血吸虫的方案呢?”

听着省委书记的肺腑之言,寇庆延深深地感动了:“首道书记,我和您一样,从长征路上一步步走过来,从来就没怕过什么。既然您这样说,我也不怕那‘以生产压革命’、‘唯生产力论’的大帽子了!这件事我早就看不过去了,您放心吧!我们一定会尽早拿出消灭血吸虫的方案来!”

“这只是我的想法,供你们参考。消灭传染病这种工作,光靠决心是不够的,还要依靠科学、找对人才。这方面你找得到合适的人选吗?”王首道提示着。

“嗯,广东中山医学院教授陈心陶您听说过吗?他就是一位久负盛名的血吸虫病治疗专家。50年代曾受到过毛主席的多次接见,不少痊愈的病人送给他‘解除人民痛苦,医德医艺可嘉’的锦旗。可是他因为社会关系复杂,后来成了‘反动学术权威’被揪斗……”寇庆延说不下去了。

解救群众病痛要紧,时间不容再拖,王首道当即赶往中山医学院。果然,“反动学术权威”正被批斗。王首道让工作人员把几位“红卫兵”头头叫过来,询问着陈心陶的情况。

“他社会关系复杂,很多问题自己都交待不清楚。这样的反动学术权威必须打倒!”“红卫兵”小将振振有词。

"作为毛主席的红卫兵要有头脑，分清一个人是不是真的为人民服务要看他做过些什么事。陈教授为人民解除疾苦是立了功的，毛主席还多次接见过他，怎么说他'反动'呢？你们不是说要听毛主席的话吗？毛主席都尊重的人，总不能说打倒就打倒吧？"王首道一席话，让几个年轻人愣在当场，终于不再坚持批斗意见。

就这样，陈心陶教授被"解放"，并当上了校革委会委员。全省防治血吸虫病工作迅速开展起来。为了尽快实施方案，王首道亲自带领寇庆延等有关领导人员，分赴三水、四会两个疫情重点县，与当地政府部门共同研究实施具体方案，发动组织数万人参加消灭钉螺、兴修水利大行动……工夫不负有心人，广东，终于成为全国最早消灭血吸虫的省份。

喜讯传来，王首道轻声朗读着毛泽东《七律二首·送瘟神》：

绿水青山枉自多，
华佗无奈小虫何！
……
牛郎欲问瘟神事，
一样悲欢逐逝波。

华佗都无可奈何的传染病，被新中国的群众、专家消灭掉了！健康，永远是老百姓的大事啊！

《西江日报》2010 年 6 月 12 日曾载《收藏一件物品，记住一段历史》：广东血吸虫病重疫区的大旺，在 1974 年第 34 届中国出口商品交易会向外展出事迹后，成为广东省的对外开放点。20 世纪 70 年代，就接待了世界卫生组织、美国、英国、日本等 15 个国家共 23 批专家、学者、教授、博士前来参观、考察、访问，这些外宾参观后，盛赞这里消灭血吸虫病取得巨大成就，说这里是"创造了人间奇迹"、是"换了人间”。

“解放”人才

“我小时候家里穷，读书非常不容易。新中国成立了，要建设新的、更强大的国家，没有知识和人才，是寸步难行的。”“文革”中，大批有真才实学的知识分子受到打击和迫害，王首道深感痛心，发出这样的感叹。基于此，这一时期想方设法保护一大批专门人才，让他们及早摆脱各种困扰，将精力投入到实际工作中，成为王首道的一个重要工作内容。

在解决陈心陶的问题后，王首道同时了解到，中山医学院外科一级教授邝公道曾留学德国，获博士学位，是著名骨科专家。因在希特勒部队服过兵役，并被授予中校军衔，加上妻子为德国人，“文革”一开始，就被强加上“反动学术权威”及“里通外国”两项罪名揪了出来。游街示众之后，便逼他交待“里通外国”的所谓罪行，受尽人身污辱，邝教授为此痛不欲生。

得知这一情况后，王首道立即找到校方军代表和革委会负责人谈话，并明确表态：对知识分子的历史问题不能揪住不放，要看现实情况，更要发挥他的一技之长。邝教授自回国后，充分发挥了自己的医学专长，解除了无数患者的痛苦。尤其在抗美援朝时，主动报名参加抗美援朝手术队，并担任中南医疗队队长……这样的人，怎么能片面地看到人家的老婆是外国人就武断地认定“里通外国”呢？

邝教授获得“自由”后，无限感慨地说：“王书记真是我们知识分子的贴心人！”

我国著名眼科专家、中山医学院眼科教授陈耀真、毛文书夫妇均留学美国，医术精湛，虽定期为高干治疗，但对老百姓的治疗请求也是有求必应。女儿、女婿也是中山医学院的高材生，毕业后留在中山医学院附属医院工作。后来“文革”风暴波及这个人才济济的家庭，女儿被下放到海南农村，女婿则下放到偏远的粤北山区，仅留下一个患有精神疾病的女儿在身旁。陈教授夫妇年迈体弱，还要时刻担心女儿的病情。

王首道对两位老人的处境非常同情，在征得陈郁同意后，让秘书王洪以两人的名义，给组织部门写信，请他们尽快解决陈教授女儿、女婿调回广州的问题。没想到组织部这位主管人员"派性"十足，认为陈教授夫妇二人都在国外喝过"洋水"，社会关系太复杂，没把他们这两口子下放到农村去"接受贫下中农再教育"就算便宜他们了，还谈什么照顾子女回到身边工作！因此对两位省委书记的指示信，竟置若罔闻。

"既然他们不办，你就拿着我们的信去找孔石泉书记。"王首道交待王洪。

孔石泉与王首道系湖南浏阳同乡，中将军衔，时任广州军区政委，为人正直，读过信后，当即批示：同意王、陈两书记意见，请组织部门速办。

就这样，陈教授一家在"文革"这个特别的年代，出人意料地团聚了。

中山大学昆虫学教授蒲蛰龙，中国科学院院士，著名昆虫学家，治虫防虫方面造诣深厚。因出身不好，身心备受摧残。"蒲蛰龙，你是一条虫，不是一条龙！只有老实交待，才有出路！"造反派常常发出这样的吼叫。

当时广东农村柑橘虫害蔓延，省委书记王首道心急如焚，急忙到中山大学调请专家支援，校领导介绍说："我们学校倒是有一名治虫专家，可惜正在接受批斗……"

王首道喜出望外："不用多说了，快把他叫来，我要亲自和他本人谈谈！"

站在面前的治虫专家，目光呆滞，蓬头垢面。看到"大领导"点名要找自己，不知道又有什么大祸将要临头，一时间惊慌失措起来。

“蒲教授，你受委屈了。”王首道温和地安慰着。

校领导忙介绍说：“这位是省委书记王首道同志，特意来看你的。”

感觉出来者绝无恶意，蒲蛰龙放下心来：“王书记有何吩咐，只要蒲某能做到的，一定尽力。”

王首道忙将橘园虫害一事尽数说出，并向他征询治虫方案，随即请他去受害农村实地考察一下。

没有比自己的专长得到肯定更让人高兴的事了，蒲蛰龙满口答应。于是一行人迅速深入虫害现场，经过共同努力，及时消灭了病虫害，并积累了相关柑橘治虫经验，在广东农村全面推广，当年全省柑橘获得了大丰收。

王首道大胆使用知识分子的举措，在学界引起轰动。一位校领导无限感慨地说：“王书记率先垂范，尊重人才，在发挥蒲教授一技之长的同时，为我们‘解放’知识分子作出了榜样！”

不久，中山大学大批受批斗的专家、教授相继被“解放”。

广东华南农学院副院长李沛群，同样“在劫难逃”。作为爱国民主人士、原中央人民政府副主席李济深之子，“文革”一开始，他就被作为“死不改悔的走资派”轮番批斗；“造反派”认为他父亲在“四一二”反革命政变后，曾参加反动活动。在“老子反动儿混蛋”的理论支持下，强行认定李沛群和父亲一样不是好人，应该“批倒批臭”。

王首道在了解过李沛群的相关情况后，认为民主人士属于统战对象，应该设法保护，于是找到学院“大联合”小组负责人，说出了自己的看法：“针对不同的人员，我们应该向‘造反派’说明真实情况。虽然李济深曾参加过反党反人民活动，但应当同时看到这个人又是国民党左派的杰出代表，一是积极抗日，二是坚决反蒋，三是靠拢共产党。解放前夕，李济深发起成立中国国民党革命委员会，任主席。

解放后，当选为中央人民政府副主席、全国人大常委会副委员长、政协全国委员会副主席。他是毛主席的好朋友，像这样的人怎么是反动的呢？况且，即使老子反动，儿子也不一定反动。我们身为领导者，应该多一点辩证唯物主义，少一点形而上学。"一番话入情入理，分析得当，听者纷纷点头。

离开学院的时候，王首道指着校门口的大牌子，问红卫兵头头："你们知道这块校牌的来历吗？"

看着几个年轻人莫名其妙的神色，王首道严肃地说："这就是李沛群副院长的功劳。他到北京找到父亲李济深，请他托毛主席为华南农学院题写校牌。李济深不负所托，毛主席欣然应诺。就这样，李沛群副院长兴致勃勃地从北京拿回了主席的亲笔。多年来，他为办好农学院操了多少心！这样的院长，不但没受到尊重，还被打倒，你们觉得公平吗？"听者低下了头。

就这样，李沛群重获"自由"。

除关心知识分子外，王首道对文艺界部分人士的关怀也同样被业界津津乐道，红线女就是其中一位。

作为饮誉中外的广东省粤剧团演员，红线女以她精湛的演艺和甜美的嗓音，深受广大观众喜爱，曾受到毛泽东等党和国家领导人的多次接见。

"文革"中，红线女首当其冲，被打成"文艺黑线的尖子"、"反动学术权威"，批斗和人身摧残接踵而至。王首道获悉后，多次打电话给粤剧团的军代表和造反组织，让他们保证红线女的安全。有的专案人员认为红线女名声大，受资产阶级毒害很深，一直揪着不放。王首道为此亲自来到剧团，找有关人员谈话，启发他们正确对待包括名演员、名专家、名教授这样的"三名"人员，并说明红线女之所以闻名海内外，是因为她有着特殊的表演才能。当初她放弃港澳优厚的待遇和环境，义无反顾地回到祖国大陆的爱国行动，非常难能可贵，这样的艺术家应该尊重……由此，红线女的艺术生涯终于重获“新生”。

1971年，王首道在北京参加全国教育会议期间，红线女因患咽喉病被怀疑为喉癌，前往北京检查治疗。王首道得知消息后，热心联系医院，请专家进行检查会诊。检查结果只是咽喉炎，对症治疗后，红线女很快病愈出院，王首道这才放下心来。就这样，一直到90年代末，红线女还在登台演出。

乃馨寄语：难以想象，一向平和亲切的爷爷居然这么大胆子！——在人人自危的“文革”时期，竟敢冒天下之大不韪，积极发展生产，“解救”受迫害人员，一举把多少年后听起来依然令人头皮发麻的“血吸虫”消灭一光，还有最早恢复高考、开放港澳航运等决策……现在想起来，都为爷爷捏了一把汗。

从湘赣“肃反”开始，一步步走过来，爷爷似乎已经习惯了各种形式的“逆境”，也许正是在湘赣时期被无辜撤销省委书记事件，让爷爷更加深深懂得了如何去甄别大环境下的是是非非，瞩目大局的视点也更加准确清晰，同时也更能体会和理解蒙冤者的委屈与无奈。纵观爷爷在这些特别时期的表现，种种的举措都是为了一个目标——一切都是为了国家、为了民生，也许这才是一代老共产党员的“共性”。细细想来，陈郁、孔石泉、寇庆延……爷爷广东的这些老战友、老伙伴身上又何尝不折射出这种从战火纷飞中便一直具有的、特殊的“共性”呢？

工农业发展、民众健康……哪一项工作离得开人才建设？爷爷和他们的老朋友们当年的“解救”行为，无疑为后续的多个领域打下了良好的基础，提前实施了“尊重知识、尊重人才”！

为纪念陈心陶教授，为表达当年疫区人民群众对他的敬意，1990年，广东省三水县人民政府、六和镇人民政府在重点疫区的旧址——今天的六和镇九龙山建造了“陈心陶同志纪念碑”。

1986 年 4 月，在美国召开的美国视觉与眼科学研究会上，来自世界各地的眼科专家们以敬羡的心情，一致通过授予为自己祖国的眼科事业奋斗半个多世纪的陈耀真教授以"功勋奖"。

蒲蛰龙教授曾先后在国内外学术刊物发表学术论文近 200 篇，专著 6 部，获得国内外学术界的高度评价，研究成果获得多项国家级和省、部级奖励，并于 1980 年获美国明尼苏达大学最高荣誉奖、优秀成就奖。1991 年，美国有害生物综合防治杂志称之为"南中国生物防治之父"。

誉满东南亚、被称为"华南一把刀"的庐公道教授抗美援朝归来之后，亲手创立了中山医学院外科学系，开拓了暨南大学附属第一医院骨科学科，古稀之年还在为解除患者痛苦而努力。

红线女 1985 年获美国亚洲协会和联合国交响乐协会分别颁发的"杰出艺人奖"和"太阳和平奖"，将美妙的粤剧唱响全球。

……

爷爷，您看得到吗？当年被"解放"的人才早就桃李满天下，用什么样的排列组合算法才能算出这样的"人才"和他们造就的"人才"为了共和国的今天与明天所做出的贡献？

社会主义现代化建设，不仅要建设社会主义物质文明，而且要建设社会主义精神文明，二者是完全一致的。离开了社会主义物质文明建设这个中心和重点，就离开了党的正确路线，那是不可能搞好精神文明建设的……因此，对社会主义物质文明建设和精神文明建设二者切不可忽视，两手抓，是我们安排全面工作的指导思想。

——王首道《一手抓物质文明建设　一手抓精神文明建设
——关于广东几个市、县经济发展和政治工作的调查》

十一、夕阳无限

1978 年 3 月，中国人民政治协商会议第五届全国委员会在北京隆重举行，王首道当选为全国政协副主席。1982 年 9 月，中共第十二次全国代表大会召开，王首道当选为中央顾问委员会常务委员，并连任两届。

笔，贵在真诚

自从 1959 年开始征集文史资料以来，转眼已 21 年，时光流逝，岁月难留。现在，戊戌运动的亲历者已经无存；亲身经历辛亥革命和五四运动的老人也屈指可数；参加第一次国内革命战争的人也大都年逾古稀。特别是经历了十年浩劫，一方面，很多宝贵史料遭到严重毁坏；另一方面很多老人身心受到严重摧残。因此，抢救史料，显得更加紧迫，如果再不抓紧，势必造成难以弥补的损失。

很多文史资料，对老人来说确是“生死存亡”的问题，生则有，死则无。我们曾多次商请一些老人撰写历史资料，他们答应了，但有的人来不及撰写就去世了。包惠僧同志逝世后，李维汉同志感慨地说：“能写革命史料的人又少一个了。”

王首道在《解放思想　进一步开展文史资料工作》一文中，对文史资料抢救、征集的紧迫性发出这样的感叹。

第五届政协全国委员会经选举，邓小平当选为主席，乌兰夫、韦国清、郭沫若、王首道等22人当选为副主席，王首道负责分管文史资料研究委员会工作。

上任伊始，王首道首先对文史资料的相关工作进行了深度了解。“文革”前，文史资料编写工作是在周恩来总理的直接倡议和指导下开展起来的。1959年4月29日，全国政协三届委员会第一次会议闭幕后，周恩来总理在招待60岁以上政协委员的茶会上，号召大家把亲身经历记录下来，传之后世。

“戊戌以来是中国变动最大的时期，这个时期的历史资料，要从各方面把它记载下来。”“要把自己所掌握的这部分历史遗产贡献出来！”周恩来总理对老同志们语重心长地说。

就这样，一些老人根据自己的亲身经历开始动笔撰写，大量史料相继问世，翔实生动地反映了自戊戌以来到中华人民共和国成立这一时期的政治、军事、经济、工商、文教、民族、宗教、华侨、社会生活等方面的历史面貌。在1959年至1966年间，全国政协共征集史料16 000余篇，计1.1亿多字，编印了《文史资料选辑》共55辑。

“文革”开始后，文史资料的编撰在全国政协工作中率先受到冲击，很多工作人员和撰稿人被诬为“替牛鬼蛇神树碑立传”，文史资料机构就此瘫痪，大批资料被毁。

“在齐太史简，在晋董狐笔。”王首道反复咀嚼着文天祥在《正气歌》中的这两句关于历史真实性问题的慨叹。历史要通过文字来记述,后人必须了解真实、准确的历史才能“以史为鉴”,这是前人留给后人的“精神礼物”！正因此,拨乱反正、正本清源已是刻不容缓。

经研究,编辑工作首先从《文史资料选辑》续辑开始,两年间还出版了《文化史料》8 辑、《工商史料》4 辑、《革命史资料》20 辑,创办了中国文史出版社,随后成立了《纵横》杂志社,有效提升了文史工作对全社会的影响力。

在王首道和一大批军事同仁的共同努力下,1978 年五届政协一次会议通过了《中国人民政治协商会议章程》,把征集、整理、编写近现代史、革命史资料,明确地规定为政协全国委员会和地方委员会的一项重要工作。共和国的历史,就这样在 1978 年这个特别的年份,开始逐步拥有规范的记载制度。

1980 年 12 月 5 日,第三次全国文史工作会议闭幕式上,王首道在致闭幕词时,特别指出:

历史科学是一门很严肃的科学,文史资料应该是过去客观存在的历史的真实反映。撰写文史资料必须采取严肃的科学态度,在任何时候,在任何情况下,都应当尊重历史,忠实于客观事实,要按照历史的本来面貌写。古今中外的一些历史巨著,能够经得起历史的考验而流传至今,都具有一个共同的特点——真实。

……

实践证明,“存真,实事求是”是撰写史料的一条根本原则,诚实是做人的道德标准。

笔,贵在真诚!

开放先锋

今年春天,我在广东参观了广州、深圳、珠海、中山、新会、江门、佛山、南海、从化等市、县的工厂、农村,和省、地、市、县委负责同志及农村工作的社队干部座谈，走访了一些工人、农民家庭，看到几年来广东在经济建设上实现较快的速度和较高的经济效益，在政治上也取得了党风、社会风尚、社会秩序三个方面好转的形势……

转眼间已是1982年4月初，广东视察归来，已逾古稀之年的王首道来不及多加休息，便开始亲自起草《一手抓物质文明建设　一手抓精神文明建设——关于广东几个市、县经济发展和政治工作的调查》。

广东农村这几年的变化太大了！农讲所时的贫困落后、“文革”中的混乱不堪、自己为保护“走资派”多方劝解制止……一切都慢慢走进了过去，交给了历史，今天的广东，已是迈开了崭新的一步，我们这些老同志该做些什么呢？窗外已是春意盎然、花香袭人，几声鸟啼打断了思路，王首道停下笔，慢慢站起来踱着步，思维还停留在南下广东时的一幕幕场景中。

深圳蛇口，亲自登上一户村民的二层楼房，微笑着倾听主人讲述种植、养殖发家的经验。心中无限感慨着农民终于过上了好日子，当年烈士们的鲜血没有白流。

一片碧树环绕的村庄中，婉言谢绝村干部的盛情邀请，随意走进一户农家共进午餐。富裕的村民摆出了丰盛的家宴，并说只是些家常便饭不要见外。从不喝酒的王首道高兴地举起酒杯，称赞主人“为村民共同致富做出了榜样”，然后一饮而尽。

晚上乘上快艇，在零丁洋水面畅游，口中却不由自主地吟诵着文天祥的著名诗句：“山河破碎风飘絮，身世浮沉雨打萍。”诗人笔下的世界真的变了，假如时光能够倒流，真不知道爱国忧民的文天祥该如何欣慰，又会写出怎样明快洗练的千古佳句？

广东的这些模式太好了！应该进一步深入，同时还应该采取更多的措施，将来在全国范围内推广，这份报告一定要有分量、有代表性、有说服力，榜样的力量确实是无穷的，如果全国城市农村全部富起来，中国进入世界强国之列就会指日可待！爱国，先从富国开始，物质文明和精神文明水乳交融……中国太有希望了！

激动的心情一时难以平复，他继续坐下来奋笔疾书：

> 试办经济特区是中央给予广东有关对外开放的特殊政策与灵活措施，吸收外资、引进先进技术和先进设备，是经济特区对外开放的一种特殊方式。特区获得一定的条件，可以发挥一般对外经济活动所不能发挥的作用，取得更大的经济效益。经济特区的这种地位和作用，不单直接为特区本身的经济建设提供了有利条件，同时也间接地支援了内地的经济发展，促进了对内联合，体现了特区与内地经济发展中的相辅相成关系。

仅1982年一年，王首道便随全国政协考察团走访了7个省、18个市，并深入社队，将了解到的真实状况及个人意见有针对性地写进了相应的调查报告中。

盐田港，位于南海大鹏湾西北，华南唯一的深水良港。大鹏湾水域面积250万平方公里，大鹏半岛与九龙半岛环伺，天然的屏障使得这里水深浪小，大型船舶自由进出停泊，是我国罕有的天然优质港湾。但在是否建设盐田港的问题上，各方意见一直没能得到统一，当时深圳市委书记兼市长李灏为此多方奔走，却听到不少这样的声音："深圳能有多少货运？有个蛇口港就足够了！"

"我们不能单看深圳的货运量，应该看到全国货运的吞吐量，要放眼世界，看到深圳港口的地位！"李灏据理力争。

正当李灏倍感苦闷时，王首道来到深圳视察。听完李灏的汇报后，凭着多年的"老交通"经验，王首道深思着——在这里建设一个国际性的深水大港，使之成为集运输、储存、中转等多功能于一体的枢纽港口，那么对深圳及周边经济形势的促进就难以估量，同时还会解决一大批人的就业问题。想至此，他昊断地对李灏说："李灏同志，我们想到一块去了，建设好盐田港意义重大，我全力支持你，需要我出马的地方，我一定会尽力而为！"

李灏激动地握住王首道的手说："王老，您在一片反对声中这么支持我，这比任何东西都宝贵！"

"加快步伐建设好经济特区，是我们共同的愿望。作为一个'老交通'，我有责任协助你建成盐田港。当务之急是办好立项、报批等手续，成立指挥班子，你这个市委书记亲自挂帅是责无旁贷了！"王首道微笑着鼓励道。

为尽快立项，王首道亲自协调国家计委、交通部、外经部等有关部门，同时分别找到总书记胡耀邦、总理赵紫阳、副总理李鹏等领导人，向他们反复说明建设盐田港的重要作用……终于，1986 年该项目得到立项。

1987 年，因建港工程缺乏启动资金，王首道这位老交通部长立即找到时任交通部部长的钱永昌。听完老部长的陈述，钱永昌二话没说，当即决定拨款 300 万以解建港燃眉之急。

"虽然钱的数字不太大，但已经足以说明交通部对盐田港的态度了！"李灏欣慰地说。

"因为建设资金不太充足，所以我建议工程最好分步走，先搞一些起步性工作，进行全面规划，然后分期实施，由小到大。"王首道根据以往的建设经验提出这样的建议。

因建设工程亟须专业人才，王首道特将老部下——原交通部水运规划设计院副院长陈大强推荐给李灏。因为此前，陈大强曾担任过长江水系规划领导小组副组长、珠江流域规划领导小组副组长、中国航海学会技术专业委员会主任委员等职，经验上、专业积累上，均属最佳人选。

1989 年,陈大强走马上任,一批批建设者也开始陆续到位。王首道毕业于华南工学院的小儿子维柏也积极投入了盐田港的建设中,和大家一起艰苦创业,为建设盐田港付出了巨大努力,至今仍担任深圳市盐田港股份有限公司监事会主席。

在王首道的多方周旋以及深圳市委、市政府的努力下,1990 年 1 月,国家计委正式批准总投资达 12.37 亿元人民币的盐田港一期工程可行性报告。港口工程于 1994 年提前 8 个月竣工,共建成 6 个泊位,其中包括两个 5 万吨级的集装箱泊位,并一次性通过国家验收。

很多年后,面对采访时,李灏依然激动地说:"经过 10 多年坚持不懈的努力,从投产至今,盐田港已有 11 家国际航船公司挂靠,每周有 20 个班轮航行于欧洲线、美洲线等 30 多个港口,使深圳港的集装箱处理量一举上升到全国第二位!这其中凝聚了王老多少心血和智慧啊!他高瞻远瞩的战略目光实在令人钦佩!"

计生真国策

"我建议,应当自上而下地认真检查我们在指导计划生育工作中存在的问题,借以转变干部的思想作风,改进工作方法,真心实意地相信和依靠群众,实行领导、群众相结合,切实把基层工作做好。这不仅是我国计划生育工作成功的必由之路,对进一步密切党同群众的关系,促进社会稳定和经济发展,也有着十分重要的意义。"这是王首道在 1990 年 10 月,因年事已高辞去担任了 10 年的中国计划生育协会会长时所作的《对当前人口工作的几点认识和建议》。

国家主席江泽民、国务院总理李鹏收阅后非常重视,先后作出重要指示,认为该建议切实可行,希望各地根据具体情况提出实施方案。

中国计生协会自1980年5月成立，到1989年底，10年间，全国共建立各级计生协会50多万人，成为全国最大的民间计生组织，配合党和政府做了大量用行政命令难以奏效的工作，并于1988年获世界计生协会颁发的“稳定人口奖”。鉴于王首道作为中国计划生育协会会长，在任职期间为计划生育工作做出的重大贡献，授予他国际计划生育联合会亚太地区理事会“特别荣誉奖”。

一次次会议、一番番调查、从城镇到乡村的一次次走访……中国计生事业永远记下了一位老人忙碌的身影。

1993年，为促进我国人口与计生事业健康、稳定、持续发展，中宣部、国家计生委等7个部委和有关机构联合设立了“中国人口奖”，成为我国人口领域的最高奖项，身为武警总部计生办主任的女儿维滨于2002年荣获第四届“中华人口奖工作奖”。

领奖台上，手捧鲜红的证书，热烈的掌声与音乐声中，维滨泪盈于睫：“爸爸，女儿永远记着您的教诲，一个奖项不能代表什么，这只是对您未竟事业的一个延续。爸爸，我努力了！提高偏远地区人口质量、优生优育一直是您未了的心愿，我相信，通过各界人士的不断努力，您的愿望一定会实现的！”

故土难忘

晚年的王首道酷爱书法，战争岁月、建国后的忙碌虽然一直不曾放弃练习，却也一直没有太多的时间潜心钻研过。晚年终于有了些时间，老伴亲手研墨，王首道开始专心致志地写了起来。从年轻时养成的认真与耐心习惯用在书法上可谓如鱼得水，不论站着、坐着都悬腕书写，注意力集中，手、肩、肘、腕、胫都同时得到锻炼，高兴时就拉着老伴也来上几笔。50多年的携手人生，酸甜苦辣的日子都尝过，晚年二人的性格更加豁达、乐观。王首道为二人的生活订了一个简则，也和同龄老朋友们共勉：

生活订简则，事小意义长。
起居有规律，饮食有定量。
运动是生命，锻炼要经常。
心怀天下事，阅读增力量。
闲时多练字，身心乐健康。
琐事勿烦恼，乐观心宽畅。
外出作调查，心中有理想。
莫道桑榆晚，余势也增光。

“首道，‘桑榆晚’这三个字说到人心里去了。年轻时跟你四处奔波，加上孩子还小，没有觉出特别想家。人到晚年就更加念旧，睡梦中都记得小时候家乡的事。”易纪均边欣赏着书法，边若有所思地说着。

“是啊，我也是这样。现在常常忘事，可小时候家乡的山水稻田都记得清清楚楚。常听王震同志讲起家乡的南山牧场，里面有他很多心血。这些年我一直想到南山看看。”退居二线了，王首道和夫人易纪均闲谈中时常说起各自的家乡。

1983 年 3 月下旬，由湖南省农业厅工作人员当向导，从长沙出发，经过两天的长途行车，王首道一行才来到了大南山区脚下。驶离简易的柏油马路，汽车开始爬坡、穿林，浓密的云层紧紧锁住半山腰，能见度越来越小。路险坡陡，急转弯一个接一个，一连翻过好几道山梁、峡谷，前后左右 5 米开外什么也看不到……就这样持续了一个多小时后，汽车突然穿破云层，霎时间世界变得豁然开朗：金色的夕阳、绿色的原野、蔚蓝的天空，朵朵白云几乎触手可及。在海拔 1 800 米的高坡处，王首道和大家一起下车观看着地势，东南方向还可以望见当年长征时经过的著名的“老山界”。回首遥望，才发现上山的路盘绕在无底的深渊旁，乌青的飞云在脚下略带“狰狞”地飘荡着。

“这么险的路，当年我们长征时走过了！在这人迹罕至的高山草地劈山开路建牧场，太不容易了！听王震同志说当年他在湘南曾和红军战士一起爬过一大片茅草高山，齐腰深的草窠子让他们吃力地爬了好几天才爬出来！不过却从此记住了这里水草丰美。解放后他主抓农垦工作，从 1956 年就开始着手筹建，肯定是忘不了这块‘宝地’啊！”看着一只飞向天际的苍鹰，王首道感慨着。

接下来，王首道在城步苗族自治县县委书记杨盛俊的陪同下，认真考察了南山牧场。

时盛仲春，新草葱郁、山花飘香，成群的牛羊在科学方法的养殖下生机勃勃。王首道高兴地在各处观看着，一边饶有兴趣地倾听着牧场负责人介绍着联产承包情况，一边发表着自己的意见。

“还是承包的办法好，要不断完善，各尽所能，多劳多得，这样国家、集体、个人都有利。职工生活更要改善，扩大人工草场，发展牛羊数量，建设高标准的牧场。南山有水电资源，要创造条件实现生产电气化，实现家庭生活电气化，让老百姓的日子越过越好！”王首道指着一排职工住房这样说。

兴奋之余，在牧场领导的请求下，王首道欣然挥笔题词：

> 赠南山牧场：风雨雾漫天，放牧在南山。新草一片绿，牛羊遍地欢。利国又利民，四化作贡献。
>
> 王首道题于 1983 年 3 月

回到北京后，王首道亲自撰写了一篇题为《让高山为人民造福》的文章，于 1983 年 7 月 27 日发表于《人民日报》第二版，在全国引起强烈反响。

在《高山牧场——湖南南山牧场的初步调查》中提出：

> 南山牧区得天独厚的条件很多，其中水力资源丰富最引人注目。一般来讲，高山顶上缺水，而这个地区恰恰相反……水沿着底板汇集在山谷间。大南山48条川，川川有水，水水有源，可以发电、造湖、养鱼、养鸭，鸭又可以灭虫……

每一次从家乡回来，王首道都要静下心来书写调查报告。从出生到农运，再到担任湖南省政府主席，一直到离休，多年来三湘的山山水水几乎每一处都折射着王首道在关切与思考中缓缓走过的身影。

“加快小水电建设需要解决的问题：一是资金如何筹集；二是实行‘以电养电’的政策；三是正确处理大电网与小电网的关系；四是统一规划，综合利用，加强管理……”王首道在《湖南小水电建设中几个问题的调查》中提出了上述建议。

“爱祖国与爱家乡是一致的，真正的爱国一定会深爱自己的家乡，这里是我们共同的根啊！我们都深深爱着家乡，如果把这种爱引申到爱国，引申到建设我们的国家，一直到爱家乡、爱祖国、爱世界，那么这个世界该是多美好啊！”王首道常常对工作人员这样说。

在王首道的记忆中，老家浏阳因供电严重不足在很大程度上制约着经济发展，作为老区的浏阳是湖南省有名的贫困县之一。原因之一是缺少一个大型水库，没有水力发电这一基础设施，工农业经济会受到严重影响，能不能在家乡建一个大型水电站和以往建设的一些小型水电站一起共同“服务”浏阳呢？

说干就干，回到浏阳经过亲自考察后，为倡导各界积极支持，两位老人当场各自掏出身上带的200块钱带头捐了款。接下来就让秘书开始查资料、写报告，最终得到了胡耀邦的批示：

> 转李鹏、钱正英同志。你们有没有一个专门指导小水电建

设的机构？……能不能设想，再月10年到15年时间，以放宽办水电站政策，即以电养电办法，使多数有小水电、小火电地区实现“两江河水颂伟业，三山灯火照宏图”这个我们祖祖辈辈没有实现过的景象呢！我看只要政策对头，精心指导是有可能的。

水电站在多方努力下终于建设成功，1986年冬王首道欣然题词：

株树桥水电站葛洲坝工程局施工队留念

兴修水利　开拓能源　确保质量　造福人民

从1984年4月至1993年5月，两位老人不顾年事已高先后五次亲临浏阳株树桥视察。建成后的株树桥水库位于湘江支流浏阳河南源小溪河下游浏阳市境内，控制流域面积564平方公里，总容量为2.78亿立方米。既能发电又能防洪，保护了耕地20千公顷，电站装机3×8 000千瓦。由于电站的建设，浏阳县一举摆脱了贫困，工农业生产总值大幅度提高，跃上全省先进县市行列！

湖南《长沙日报》专门刊登了《万马奔腾株树桥》一文，详细描述了清澄的山间泉水经水库净化，源源不断流到了长沙。从此，长沙800万市民开始饮用甘甜清冽的山泉……

道吾山，这座坐落在浏阳城北15里处的古山，成为王首道夫妇在家乡的永久安息地。

乃馨寄语：妈妈传承了爷爷对计生工作的关心，在妈妈获得“中华人口奖”这一重要奖项时，我知道妈妈心底始终有一个声音在回响，那就是女承父业的那份自豪与执着，昭示着妈妈对爷爷的一个特别的交待。

每当在饭桌前坐下来准备吃饭时，我们母女都会望着盘中的菜品默默地对视一番。小番茄、紫甘蓝，总让我想起爷爷、奶奶慈祥的笑脸。同很多关爱后人的前辈一样，他们留给后世的，绝不仅仅是一篇篇纪念性的文章，他们用自己的努力和付出，换来了后辈的从容、幸福，还有尊重。

爷爷奶奶常常为家乡建设、教育捐款，以致他们身后寥寥，但我依然感到作为他们的晚辈，我们是富有的，因为我们承传了爷爷身上更多的品质。爷爷不曾说教过，也从不严厉地指责我们做错什么，只是用自己的言行去感染着后人。现代人常常提到一个时尚的名词——心理暗示。据说心理暗示对人的影响要高于明示数十倍不止。我想爷爷用他的付出和执着已经留给了我们强烈的心理暗示，那就是抛开自私、狭隘，做出把全部身心融入为国计民生而努力的人生选择。我知道自己在这方面做得不够好，但我没有忘记爷爷、更没有忘记爷爷的暗示，我是平凡而渺小的，但整个社会不就是由许多个平凡而渺小的人物组成的吗？如果每个小人物都拥有一种全心服务社会的“大品质”，那么我们的社会品格就会不言自喻了。

“征程万里从不见，天降奇峰到故园。”1981年11月29日，当时任全国政协副主席的王首道偕夫人易纪均畅游张家界后，有感于张家界瑰丽旖旎的迷人风光意犹未尽，欣然题词时，看着身旁同自己携手走过了40多个春秋的老伴，颇多感慨。细细品尝，这即兴而题的诗句中所蕴含的又何尝不是那一代人跌宕起伏的人生与情感风景呢？

十二、穿越时空的真情

回首前尘，从血与火的年代步入和平时期、步入纷争乱世、步入沉沉暮年……心头常常涌动着曾经走过的渐行渐远的从前。王绍坤、王泉媛，年轻时曾经的伴侣，为了共同的事业走在了一起，又为了共同的事业被迫“分离”。无论相聚的时光如何短暂，彼此间曾经“点亮”的那一小段特别人生，成为生命中值得留恋与回顾的永远的“身影”。

铁血之侣王绍坤

无法忘记，校园中那个手持书本悄然走过的倩影；

耳畔，常常回响起校园辩论中那抹清丽的浏阳口音；

眼前，不时浮现出“三打张坊”时那位突然间持枪射击的“新娘子”；

脑海中，多少次浮现出年轻的夫妻在米铺中的油灯下，细细商讨、记录着地下工作的诸般事宜；

记忆里，姐妹俩认真倾听着他娓娓道来的革命道理，清纯澄澈的目光中满含着钦敬与自豪；

更难忘记，夫妻诀别时她那依依难舍的莹莹泪光；

永难忘怀，得知她被敌人杀害时的痛彻心腑……如果说初恋永远令人难忘，那么王绍坤的死，则成为王首道心中永远的痛。

王绍坤，曾化名陈青田、刘少青，1911 年出生在浏阳县小河乡潭湾村一个进步知识分子家庭。父亲王藩述精通医道，常免费为穷苦乡邻行医赠药。母亲勤劳善良，寒苦人家多得其帮助。夫妻积劳成疾双双早逝。王绍坤兄妹 9 人，全靠长兄王植三教书维持生计。

王绍坤自幼聪颖好学，6 岁时入小学读书，1923 年考入洞溪“高小”，当时共产党领导的工农民主运动已在全县范围蓬勃开展，进步师生积极参加了这场反帝反封建的革命运动。王绍坤经常和同学们一道到镇上查禁日货，向工人、农民讲解受苦受难的原因，动员他们投入工农运动。由于她在运动中表现突出，是年冬就被秘密吸收为中国社会主义青年团团员。

1926 年，由团组织推荐，王绍坤考入浏阳县迎佛寺女子学校。该校由潘介堂、宋克若等一批进步知识分子任教，他们广泛传播马克思列宁主义。此时，学校的妇女运动正掀起高潮，王绍坤积极参加各种宣传活动，不久被师生推选为宣传队长，后来又参加了城关妇女联合会。随着工农和妇女运动的深入开展，全县各地都建立了妇女联合委员会。这时北伐战争取得节节胜利。北伐军先遣队叶挺独立团已进入浏阳城，在湖南省委和北伐军的支持下，浏阳各地迅速建立起党的基层组织。1926 年 10 月 5 日，建立了以潘心源为书记的中共浏阳县首届县委。

1927 年 2 月，在县委领导下，召开了浏阳县第一次学生代表会，建立了浏阳县第一届学生联合会，王绍坤当选为 7 人组成的委员会委员，并当选为共青团浏阳县地方委员会宣传组组长。5 月发生马日事变，不少革命者惨遭杀害。浏阳县按照临时省委指示，组织工农义勇队攻打长沙，王绍坤参加了农军大队。后浏阳义勇队奉命开往平江与平江部队会合，共同参加南昌起义。原已公开身份的共产党员和干部均随部队离县，王绍坤、邵振维、董维等女同志被留在县内坚持工作，不久组织上决定王绍坤回家乡发动群众，扩大革命队伍，为大规模武装斗争作准备。

是年10月，王首道奉省委指示，回到浏阳领导恢复和发展党团组织和武装力量，成立了以王首道为书记的中共浏东特别支部，以张启龙为主任的浏东暴动委员会，以刘少龄为队长的浏东游击队，王绍坤参加了游击队，和李贞一起担任浏东游击队秘密通讯员、侦察员。她常以走亲访友名义，巧入敌营侦察，给游击队提供准确情报，侦察中多次机智勇敢地逃脱虎口，化险为夷。

1928年2月，王绍坤正式加入了中国共产党。张坊团防局团总王五贞因为抓不到王绍坤，恼羞成怒，便带大队人马将王绍坤家和他伯父王新元家洗劫一空，并将她的两个堂弟残忍杀害。不久传来噩耗，邵振维、易维五等同志壮烈牺牲……王绍坤咬破手指，撕一块白色底衣，写下了"誓死报仇"。

入冬后，游击队返回仁和洞休整，因遭敌方暗算伤亡惨重。为了掩护游击队转移，王绍坤与李贞一面还击一面向附近的祖师岩攀登，将敌人引向山崖，崖顶已无去路，眼见敌人饿狼般扑来，最后一颗子弹射出后，两人转身跳下山崖。所幸二人均被树枝挂住，后经群众援救，得与战友重逢。后王绍坤转移到江西万载叔父家医治。

1929年4月，王首道任湘鄂赣特委书记，特地赶来看望王绍坤。已是盛春，田间草树葱茏，王首道手中提着一只藤篮一路打听着来到万载。一次次战斗中的出生入死、一番番开会讨论中的默契认同、那一看到自己便充满关注与羞涩的目光、那为了共同的理想事业而奋不顾身的坚定……也许，只有这样的女子才是自己终身的伴侣。

想到这里，王首道微笑起来，心头涌动着一种前所未有的欣悦。

“绍坤同志，我特地代表组织和同志们来看望你，这是些生药。这两本书很好，我都看过好几遍了，送给你看。”王首道打开藤篮，一边往外拿着东西一边说。

“只代表组织吗？你自己呢？”王绍坤调皮地笑着问。

“当然也代表我自己，不然就派别人来了。”王首道笑起来。“绍坤同志啊，来之前上面的同志找我谈过了。我们都到了年龄，工作上又随时可能有危险。有些事是不能拖的。如果我们能在一起，生活工作上彼此有个照应，那是再好不过的了。”王首道慢慢坐下来，轻轻说着。

王绍坤没有回答，只是羞涩地转头笑着。

小桥边、流水畔，殷殷的问候，含羞的应答……类似的学生经历和共同的人生梦想将两颗年轻的心紧紧联结在了一起，后经组织同意结为夫妻。

1930 年 6 月，王首道调任湖南省委组织部长。为了掩护省委机关，8 月初将王绍坤和她的堂妹王绍兰接来从事机要通讯工作。王绍坤姐妹以“刘少青”的名义在铜官镇（当时省委机关驻地）开了一家米店，以监视敌情并接待过往的同志。同年 11 月省委机关迁到靖港，她们又在机关附近开了一家小店作掩护。由于叛徒告密，国民党当局迅即派军警前来抓捕王首道等人，适逢王首道外出未归，敌人扑了个空。省委决定将机关迁往常德，通知王绍坤先行转移，乘船前往，不料在船上被无赖认出，密报反动当局，王绍坤姐妹被抓捕，押往长沙陆军监狱。

监狱中，敌人软硬兼施，进行了 15 次审讯，威逼她们交代王首道等人的下落，姐妹俩坚贞不屈。几天后，王绍兰惨死在敌人的老虎凳上。

在入狱后第 17 天上午，王绍坤被押往浏阳城外识字岭。“唉！年轻轻的，长相也不错，只要说出一点点你丈夫和他们的事，不管准不准，命就保住了！我们都是浏阳人，这也是为你好，父母养你不容易呀！”临刑前，王绍坤还在被“开导”着。

“守道，你在哪？脱险了吗？平江借枪时我替你担心，一打张坊时我们出师不利，二打张坊我们除掉了几个坏蛋，三打张坊时我听你的话当起了‘新娘子’……守道，如果人真的有来生，我一定要再当你的‘新娘子’，还要坐上新的花轿、唱着花鼓戏……守道，我去了，我是为了我们共同的信仰走的，我走得甘心、走得磊落！”王绍坤喃喃着。

古老的浏阳城，永远记录着这位为了共和国的明天早早付出生命的年轻女性！

命运多舛王泉媛

人生是如此的遗憾，当阔别40多年后再度相逢时，两人已是霜发满头。

她知道，他在延安等待了三个年头；

他听说，西路军女子先锋团几乎全军覆没；

她无奈，逃离魔爪后无法回归队伍，只得四处漂泊；

他感叹，一位对革命事业无限忠诚的女性命运竟如此坎坷多舛；

她欣慰他曾经的等待；

他祝福她晚年安宁愉悦……

40多年后，紧紧握着对方的双手，也将革命者深深的情谊一起珍藏起来。

王泉媛，1913年生于江西省吉安县敖城乡庐富村。1930年3月在敖城暴动中参加革命工作，当年加入共青团，先后担任吉安县少共区委妇女部长、湘赣省妇女主席团副主席等职，1934年加入中国共产党。同年10月随红一方面军参加长征，在干部休养连担任政治战士。

1935年初，在陈琮英、刘英、李坚贞、金维映、邓六金等几位大姐的撮合下，王首道与王泉媛在遵义结婚。在四川红一、红四方面军会合后，王泉媛被编入红四方面军。1935 年底任四川省委妇女部长。1936 年 10 月被任命为由 1 300 多名长征女战士组成的红军西路军妇女抗日先锋团团长。

西路军失利后被俘，饱受敌人的严刑凌辱，历尽艰险逃出牢笼，却又与党组织失去联系，沿途乞讨回乡。1942 年回乡后，下地种田、养牛养猪、自食其力。解放后，先后当过村生产队长、保管员、大队妇联主任、公社和乡敬老院院长。

1964 年、1979 年两度担任泰和县和江西省政协委员。被国家确认应享受老红军战士待遇时已是 76 岁。逝世前，享受副地级待遇；逝世时，已是 96 岁高龄。

纵观王泉媛一生，有几个片断让后人倍感辛酸：

踏上西征之路后，王泉媛指挥妇女团在景泰县参与了一条山作战，面对敌人的空中轰炸和地面扫射，仍缴获敌人骆驼 30 余匹，为解决西路军物资和伤病员输送立了大功。守卫甘肃山丹县时，王泉媛带领妇女团送弹药、修工事、救伤员，支援前线作战。在防守临泽县城中，她带领妇女团始终战斗在第一线，连续坚守县城三天三夜，打退了敌人的无数次进攻，全团伤亡很大，减员 400 余人。

王泉媛指挥妇女团完成掩护总部撤退到祁连山的任务后，在祁连山分散潜行时被捕，时年 24 岁。她和百余名妇女团干部战士受到严刑拷打和残酷折磨。后来，敌人采取“各个击破”的手段，将妇女团干部、战士一个个地单独押出去分配给马匪官兵。

王泉媛被分配给马步青的工兵团团长马进昌做妾。她寻机逃跑，结果却被抓回毒打，多次昏死过去。但她坚贞不屈，宁死不从，马进昌无奈，只好将她送回凉州以西 100 余里的永昌家中慢慢“感化”。王泉媛后来找到机会逃出虎口，奔向兰州。

历尽千辛万苦终于找到了八路军驻兰州办事处，接待她的同志十分同情她的遭遇，但又无奈地告诉她，对西路军被俘人员的规定是：一年归来收留，两年归来审查，三年归来不留。王泉媛对这样的规定不解，她流着泪说："这里不了解我，不收留我，我不怨你们，只求你们向党组织转达一句话，就说我王泉媛永远是党的人。"

1962年，康克清在陪同朱德委员长上井冈山时，专门寻访并接见了她。1981年，全国妇联邀请她到北京开座谈会，刘英、王定国、钟月林等老同志都来看她。

若干年后，王首道的战友、部下、子女及身边工作人员在前往井冈山时，都去看望了她，王泉媛深感欣慰。

58载相伴易纪君(均)

套用一句现代话：一个成功的男人身后必然站着一个支持他、爱护他、肯为他付出一切的女人！在两人58年的婚姻历程中，为人妻、为人母，同时又身兼着不可或缺的社会工作，易纪均用什么样的浓墨重彩渲染着她的人生底色呢？

"中国共产党优秀党员，久经考验的忠诚的共产主义战士易纪均同志，因病医治无效，于1998年3月30日9时44分在北京逝世，享年84岁……"

太过简单的简历无言地诉说着她的不事张扬和甘于淡泊。

1914年9月14日，一个风雨欲来的多事之秋，在四川省合川县一个颇为殷实的人家，一个小女孩儿出生了……注重礼教与道德的父亲为女儿取名易朝德。易家是当地的大户，从祖父上几代开始易家就有着大片的良田、好几个村子的佃农，有些佃农还把手中的地再分包给其他佃户。父亲承继祖业，掌管着易氏一门的家产。朝德在诸多的兄弟姐妹中排行最小，6岁时跟着家中请来的先生读书。

12岁父母双亡，家道中落，先生也无奈地离开了。没人知道，一个十来岁的孩子所面对的会是些什么？国运日衰，家道中落……一切都那么突如其来。她开始读了几年师专，渐渐难以支撑学费。从父母相继过世的悲哀中渐渐平复下来，她到了一家县办的幼稚园任教。闭塞的山镇、落后的教育观念，她认为这样会误人子弟，可年仅十几岁从未出过远门的自己又能带给孩子们些什么呢？走出去！去感触外面的世界……一番内心挣扎后，同几个心爱的孩子照了张合影，十六七岁的易朝德坐着滑竿离开了这个令人伤感又恋恋难舍的小山镇，来到了上海。

她一时无法找到合适的工作，便在亲戚介绍下进了纱厂。繁重的劳作、资本家的苛刻狠毒，有谁知道一个纱厂中究竟有多少个“芦柴棒”？——恶劣的环境没有磨灭她驿动、渴求的心，她不久便参加了何香凝、宋庆龄举办的抗日妇女学习班。很多从前百思不得其解的疑团都在这一时期豁然开朗，仿佛一只在风雨中迷失了方向的小船，开始找到了自己的方向，她如饥似渴地学习着、吸收着……

结业后由组织安排到中华烟草公司工作，1932 年 4 月加入了中国共产党。

“一·二八”事件之后，《何梅协定》的签订让国人深以为耻。上海地下党组织于 1932 年 7 月发起了“坚决反对何梅协定、募捐援助东北义勇军”的集会。集会定在上海共舞台戏院举行，易朝德由组织安排以记者身份出现。没想到由于叛徒出卖导致多人被捕，易朝德身列其中。

集会中易朝德和集会组织者曹顺标在一起。曹顺标 19 岁，精干沉稳，二人早已熟识并渐萌爱意，因工作关系都将朦胧的情丝深埋心底。这时二人都在前院，眼看不少人已经逃不出去。曹顺标将手中的会议记录本递给她，轻轻说：“第一，万一被捕，一定要把年龄往小了说。第二，不要承认自己是党员，也不要承认来参加集会，只说是记者来这里看看，切记！你……好好活下去！”刚刚说完，二人就被冲散。朝德跑进厕所，慌乱中随意打开本子看了一眼，见前两页书写着集会计划和主要领导人员，连忙撕下来，想扔掉又怕不稳，急切中将两页纸撕碎一把塞进口中硬生生吞了下去！没想到接过本子后那短短的几句话竟成永诀！……曹顺标落入魔爪后被判处死刑。

风雨飘摇中，南京雨花台永远铭记着这位年轻的共产党人。

为纪念死难的曹顺标，她将原名易朝德改为易纪君，因为在她看来曹顺标不放弃自己的人生信念而舍生取义，就是铮铮硬汉、信义君子！后来的登记中出现笔误将“易纪君”改写为“易纪均”，从此一直沿用该名。

复杂的环境，让人多了份沉思，也多了份成熟，也更让她明白了什么才是共产党人的真正气节！狱中5年间，她和姐妹们自始至终所表现出的唯一态度就是——宁可坐穿牢底，也决不退让半步！

1937年9月25日是个晴朗的好日子！由周恩来亲自领导的八路军驻南京办事处对狱中同志进行了全面营救，她们最后11个人终于出狱了！在通过组织审查后奔赴延安，进入了党校十三班学习。因其性格活泼开朗，极具表演天赋，便担任了班上的文娱委员，常组织文艺晚会，并带头演出。时任中共中央秘书处处长的王首道，在二人相识之前，还看过她的演出。一天，她与另一个女孩子表演双簧，她扮演一个工人，言语动作活灵活现，毛泽东看后哈哈大笑，问坐在旁边的张闻天：“这个演工人的姑娘是哪里人？”张闻天说：“是四川人。”毛泽东风趣地说：“活像个小老鼠！”从此她多了个“小老鼠”的外号。可爱的“小老鼠”会做一手好吃的四川泡菜，经中央土地部部长王观澜和夫人徐明清介绍，同王首道相识、相知、相爱了……

1938年初秋，在杨家岭的一孔干净、明亮的窑洞中，王首道和易纪均的婚礼正式举行……时任中央组织部部长的陈云拿出5块银元让李富春为他们精心张罗婚宴，5块银元的宴席虽然大多全是素菜，但清香可口。其中有一道当时延安最著名的菜叫“三不沾”——用鸡蛋和面粉加糖做成，口感细腻甜滑，众人吃得赞不绝口。好久没办喜事,大家边吃边说,热闹极了。数十年后,纪均说起两人的婚事和那可口的“三不沾”,还是津津乐道、兴致勃勃。

婚后,无论生活还是工作,她都默默地支持他。

天有不测风云,大女儿苏苏7岁那年患上了严重的脑膜炎,延安缺医少药,孩子不久就离去了……当时王首道正在南下途中,她怕影响丈夫工作没敢通知他。

1949年在长沙,她负责保育院工作。她说:“这些孩子身心已经受到不同程度的伤害。解放了,国家应该对这些孩子负责,他们还有一大段人生之路要走。尤其是有残疾的孩子最好将来有一技之长,他们同别的正常孩子一样是新中国的未来……”保育院的教育、管理工作很快就走上了正轨。几个心智不全的孩子每天早上醒来第一句话就是含糊不清地喊着“易妈妈”到处找她。

1950年,长沙成立了育才学校,专门接收当时南下部队的子弟入学。国家拨给每个孩子的费用是旧币16万多,折合新币也就几块钱。她暗自盘算着:就这点钱,用在哪里呢?现在是孩子们长身体的时候,吃好点应该比穿更重要。听说一家医院有一批闲置的军服,她灵机一动,这不就是孩子们的衣服吗?——没过多久孩子们就穿上了由大改小的深灰色校服。

1964年夏天,“跃进号”触礁沉没,易纪均虽暗暗捏着一把汗,内心深处却清楚地意识到,丈夫一直以来“进不求名、退不避罪”的作风,一定会把所有问题担当下来。事情已经发生了,急也没用,不管水里火里,走到哪都跟着他就是了!想到这里反而平静下来,开始慢慢处理着一些家事。

“文革”中,“造反派”来了,不知受了什么人指使,进门就翻箱倒柜,把家中的书全部收在一起,准备拿走,她忍无可忍:“这些书大多是毛主席著作,是‘红宝书’,这,你们也敢抄?!王书记是毛主席的学生,学生收藏老师的书也错了吗?”她个子不高,但声音洪亮,一股川江女子的豪气竟把几个“造反派”“震”住了……他们有些发懵，再说万事争不过一个理字，看着她一脸的坦荡无畏，为首的向门口摆了一下头，不约而同地出门走了。

两人勤奋、正直、善良的品行也深深影响着孩子。长子维延1944年出生在延安，原本以“苏维埃”的叠字“维维”为名，在大女儿苏苏不幸夭折后，便以“维”字加出生地为名。维延读初中时，在父亲的授意下抄写文言棋谱，抄错处都要一一改正。“凡事都要认真，不可粗心大意，从小就要养成严肃认真的好习惯。”王首道这样对长子说。维延以优异的成绩被保送到哈尔滨军事工程学院后，王首道特意买了《毛泽东选集》、毛泽东所著《体育之研究》寄给儿子，鼓励他注重全面发展。维延在以优异的成绩大学毕业后，工作上一直勤勤恳恳，曾任中国一机部驻香港某公司的副总经理，为该公司的创办人之一。

女儿出生于哈尔滨，因此取名“维滨”。1975年，女儿结婚时，父亲没有送出贵重的礼物，而是拿出两支钢笔，风趣地对他们说：“你们一人一支笔，要用自己的实际行动，写好自己的历史，不要虚度美好的人生。”维滨果然不负父亲厚望，成为武警部队的一名大校警官，多次立功受奖。女婿戴玉顺在部队从事文艺工作，曾在全军第三届、第四届文艺汇演中获创作奖、优秀作品奖等奖项。

次子出生于北京，借“北”字的谐音取名维柏。维柏忠厚豁达、谦虚勤奋，性情为人酷似父亲。1977年在华南工学院毕业后，数十年如一日谨遵父亲教诲：“受得起委屈，经得起磨难，甘于寂寞，诚恳待人。”先后在交通部水运科研所、深圳航运总公司、盐田港集团有限公司工作。在筹建盐田港的艰苦岁月里，王首道为儿子题词：“好事多磨”，并赋诗勉励：“盐田建港困难多，人间好事自多磨。苦学‘三论’勤实践，耕耘终能出硕果。”10年的筹建、创业中，维柏任盐田港建设指挥部副指挥长，为港口建设付出了巨大的艰辛和努力，成为盐田港早期重要的开拓者和创建者之一。如今的盐田港，已成为现代化国际大型深水大港和华南地区集装箱主枢纽港，维柏任盐田股份有限公司监事会主席，受到职工的一致好评。

1984年初，易纪均听农科院教授李燕生说起中国的大饭店都从国外进口蔬菜，价格高，还要空运。她亲自到友谊商店去看了一下，进口的西兰花竟然卖到60块钱一斤！当时的米面才一毛多钱一斤，如果国内能自己种植加工的话，价钱可要降下九成不止！——真是好消息，她当即催促李燕生到四川等全国各地去考察，通过四川扶贫办考察成都、重庆等地，提出了很多建设性意见。在老伴儿的支持下，几份可行性书面考察报告逐一递上去，主抓农业的国务院副总理王震亲自作出批示。胡启立、黄超等领导同志随后也都作了批示。在李燕生教授的悉心指导下，试种出了一大批来自美国、日本、法国、荷兰、瑞士、联邦德国的共71个品种的外国菜。其中包括西芹、空心菜、绿菜花、玻璃生菜、紫元白菜、野苣、樱桃萝卜和贝割大根（小萝卜苗）等。据外贸部门反映，这些蔬菜鲜艳可口，营养成分适合外国人需求，将来产量增加以后，可以考虑出口创汇，大多数品种也完全可以在国内发展市场。一时间国内掀起了“蔬菜大潮”。

数年之后，在社会各界的多方努力下，100多种原本靠进口供应的蔬菜品种在中国大陆安了家……西兰花、抱子甘兰、包头生菜、荷兰豆、菊苣、紫菜花、小番茄等更是常年出现在寻常百姓家的餐桌上！用中国农业大学刘宝玉教授的话说就是：“如果没有王老和易妈妈最早的关注与努力，这些珍贵的蔬菜品种摆上寻常百姓的餐桌，至少要滞后十几年！”

老伴先自己而去了，她平静地生活着，相信有一天会再次相见。弥留之际，她把儿女们叫到身边，用微弱的声音轻轻交待着：“我快要去你们的爸爸那里了，他在等我，你们要把我……我……我——”

渐渐地进入了昏迷状态，她喃喃着，一生中所发生过的一切仿佛历历在目：

小小的自己朗声背诵着《木兰词》……

坐着滑竿离开了合川……

纱厂劳作中老板刻毒的目光……

何香凝讲课时自己激动地鼓掌……

共舞台集会时曹顺标把一个本子交到自己手中……

牢狱中倾听着窗外的蝉声……

延安窑洞中新婚夫妻赏月时的喁喁私语……

一大堆木炭中挑拣出来的黑炭，女儿苏苏的离去……

孩子们大叫着"易妈妈"跑过来……

为倡导浏阳电站和老伴儿带头各自掏出身上带的二百元钱，电站建成时那辉煌的一刻……

亲手种植的各种蔬菜……

香港回归时按捺不住激动，坐着轮椅来到天安门广场，双手挥舞着两面紫荆花小旗，孩子般开心地笑着……

道吾山，风光依旧。

首道，我来了！我说过，不管怎么样我永远陪着你！你记得、我记得、延安的月亮记得！哪怕露重风高，我们永远在一起！

纪均，我们执着一生、奋斗一生，虽然吃了不少苦，但为了信念我们不悔！我一生中最大的幸事就是有你陪在我身边……

乃馨寄语：每当想起王绍坤、王泉媛两位奶奶的遭遇，我都倍感心酸，同时也为爷爷难过，革命者铸就要在特别的时刻做出牺牲，包括生命、亲情、爱情。

王绍坤奶奶"走"得是如此仓促，为了共同的信念他们走在了一起，又为了共同的信念不得不"分离"。他们将彼此间的爱深深埋在心底，面对生死抉择，虽然难分难舍，但最终还是选择"分离"。有没有一支"神来之笔"，能统计出共和国美丽的今天，是用多少份这样的

“大爱”换来?

王泉媛奶奶是如此坎坷多舛,和爷爷仅仅生活了一年多,便因战事而“分离”。爷爷在延安苦苦等待的三个年头中,不知有多少个夜晚昂首苍穹,既为伴侣的生死未卜而担忧,更为共同的理想事业而操劳……革命者的深深情谊总和大使命息息相关。

不过最终替爷爷感到欣慰的是他在延安遇到了奶奶,奶奶是个有大性情的人,无论爷爷遭受什么打击、挫折,奶奶都一如既往地跟随他、照顾他,这是爷爷的幸运。很难想象是什么样的婚姻观支撑着他们的情感。我一直在思考,他们是伟大的,如果前两位奶奶不曾发生意外而陪伴在爷爷身边,我相信她们也会做出同样的选择,如果换了现代人会如何呢? 能做到如此义无反顾吗?

时光悄然流逝，世界斗转星移，转瞬间父亲离开我们十几年了……在对老人的无尽思念中，我们也同时怀念着他老人家生前从不忘怀的老朋友们！

——王维滨　戴玉顺

十三、永不失落的“珍藏”

——王首道和他的老朋友们

岁月如风，时光带走的是历史、是事件、是生命，但永远带不走的是珍藏在后人心目中的那份恒久的回忆与依恋！仿佛人生中的一笔珍贵财富，王首道生前常常提起那些为了共和国江山而生死与共、矢志不渝的老朋友们！

一朝教诲伴终生——毛泽东

广州，第六届农民运动讲习所，敌友论、“宝塔图”……谁是我们的敌人？谁是我们的朋友？中国农民路在何方？年轻的王首道认真倾听着、吸收着，从此，生命的信念再无更改。

第一次听到毛泽东的名字，还是在长沙修业农校读书的时候，直至到了广州农民运动讲习所，夕阳西下时终于见到了那个称呼自己“小老乡”的大个子……从此，一生的奋斗目标渐渐清晰，一个个生命片断叠加起来，构成了王首道永不言悔的生命足迹。

中央苏区，受“肃反”牵连的王首道来到毛泽东身边，再次倾听老师的教诲，步入下一段的人生之旅。

延安，“杀头不像割韭菜，韭菜割了还可以长起来，人头落地就长不拢了。如果我们杀错了人，杀了革命的同志，那就是犯罪的行为。

大家要切记这一点，要慎重，要做好调查研究工作。”解救刘志丹等人之前，毛泽东这样说道。

除夕之夜，毛泽东认真倾听着、深思着，严肃地说道：“你们提出一个名单来，凡是过去搞错了杀错了的，都应平反昭雪，恢复名誉！我们应该给死者一个交待！”

“我们从延安到敌后去，这是许多同志都知道的公开的秘密。我们是上前线去，准备到敌后去工作。临走的时候，我们听过毛主席和中央领导同志的报告，经过你们这里，校长、政委要我来讲一讲……”王首道在南征途中对抗日军政大学分校学员这样说。

长沙的夏夜燠热而宁静，王首道在灯下挥汗草拟着写给中共中央与毛泽东的电文《我入长沙情况报告》：我入长沙 10 日来，观察情况，简报如下。我军进入长沙后，秩序良好，除防空外，日夜市面如常，几乎听不到枪声。解放后半月来，仅发现 4 件小抢案，除白匪破坏，搬走大量资材……我军进城时，有 7 万人欢迎……

中华人民共和国开国大典上，毛泽东在天安门城楼上庄严宣告：“中华人民共和国、中央人民政府，今天，成立了。”王首道热泪盈眶，久久回味着。

当毛泽东的老师张干先后两次接到省政府主席王首道送来的 1 200斤救济米和 50 万人民币(旧币)的时候，张干激动得双手颤抖，泪流满面，拉着王首道的手说：“这、这钱米，张干受之有愧啊！”

“老人家，收下吧！自古师恩难忘啊！”王首道轻轻拍着老人的手背安慰着。

正如王首道对张干提及的“师恩难忘”，自 1926 年进入第六届农民运动讲习所，亲耳聆听毛泽东、周恩来、彭湃等名师的教诲之后，在未来的革命生涯中，一直遵循着这条青年时期即已发自内心认可的路线，在遭遇“肃反”等不公正对待时，依然坚守着这一信条，直至生命的最后一刻。

毛泽东，堪称王首道生命旅程的"领路人"！

鞠躬尽瘁共和情——周恩来

1976年，在得知周恩来总理逝世的消息后，王首道默默地、长时间地端详着一套大幅的周总理纪念照片，很久都没有开口说话。身边的子女和工作人员都明白，王首道想让大家记住的不仅仅是总理这样一个人，更多的是一种品格，一种"置身青云，不忘贫贱"的高尚情操！内心深处，王首道一直是把总理跟主席一样当作老师来对待的，听到这一噩耗，内向的王首道心头的那份沉痛只有他自己最清楚。那一年，王首道很少露出过笑容。

王首道曾在他的文集中写道：几十年来，敬爱的周总理无限忠于党，忠于人民，为争取中国人民的解放事业和共产主义事业的胜利英勇斗争，鞠躬尽瘁，无私地贡献了自己毕生的精力。他的革命精神，光照日月；他的丰功伟绩，万古长存；他的光辉形象，永远活在我们心中！

王首道参加革命以后，作为毛主席的学生，在长期革命斗争中，不断得到老师的指导，终身难忘。同时，对周恩来总理对他的教育和帮助，也永远铭记于心。王首道认为，在周总理一生中，无论是在艰苦的长征路上，还是长期的国内革命战争和抗日战争的岁月里，无论在社会主义革命和建设中，还是在反帝斗争中，每当斗争的紧要关头，他总是挺身而出，机智勇敢，哪里情况最复杂、斗争最艰险，他就出现在哪里。

尤其是在那场给党和人民带来深重灾难的"文化大革命"中，已是暮年的周总理在重重困难下，处处为党为国操劳，耗尽了心血。1967年4月，周总理亲自到广州，促进群众的大联合。一连三个昼夜在广州各地座谈，当时王首道和陈郁也参加了座谈。周总理反复开导大家要抓紧有利时机实现联合，不要再乱下去了。要正确对待群众，正确对待自己。语重心长的提示让王首道和其他同志都受益匪浅。

由于操劳过度，周总理一天天消瘦了。王首道关切地劝他说："您年纪大了，要多休息，注意保重身体。"周总理爽朗地说："年纪大了，时日无多，更应该多做工作。"

1955年，王首道在国务院工作，当时周恩来总理正在协助毛泽东主席作关于正确处理我国社会主义革命和建设中的十大关系的调查研究。毛主席和周总理听取了国务院30多个部门的汇报，王首道也作了几次汇报。毛主席和周总理总是耐心听取大家的意见，提出问题一起研究，主张全面地看问题，反对形而上学，克服主观主义和片面性。

1963年，王首道在担任交通部部长期间，我国第一艘远洋巨轮"跃进号"触礁沉没了。周恩来总理获悉后，立即率领王首道及有关人员赶赴港口调查了解，亲自找干部和船员谈心，耐心细致地做思想工作，认真总结教训，并做出了实事求是的处理。

王首道因之引咎辞职，总理辞世后若干年，邓颖超在广东拉着王首道的手说："首道啊，当年的'跃进号'让你承担了很大的责任哪！"

王首道则说："大姐不能这样说，从农讲所那时起，聆听总理教诲多年。总理活到78岁，多少个日日夜夜！多少个分分秒秒！为国为民承担了多少！相比之下，我们这点承担，算得了什么？"

1976年1月，周恩来总理逝世，举国上下悲声一片。广东省委在旧礼堂设灵堂悼念，但当时中央发电报通知各省市不设灵堂，已设的要撤掉。王首道对此悲愤交加，当即指示办事部门，不传达、不撤灵堂，也不进行组织，让干部群众自发参加悼念活动。当年10月，"四人帮"被一举粉碎，几天后，王首道奉召进京开会，抵京当晚就上了西山，同叶剑英元帅等领导人畅饮茅台以示庆贺。

晚间，王首道久久伫立在夜色中，昂首仰望星空，心头始终回荡着几句话：总理，安息吧！倒行逆施的年代已经结束，共和国美好的明天马上就要到来了！

呕心沥血浴苍生——刘少奇

无法忘记，瑞金初见时，对苏区工作的那番肺腑之言；

无法忘记，在自己的婚礼的窑洞中，他那欣慰愉悦的笑容；

无法忘记，整风运动中，那种无私的正直与宽厚；

无法忘记，在刘少奇冤案得到平反时的那种痛楚与欣慰。

王首道常常说起周恩来总理在一次会上评价刘少奇的话：“在党的历史关键性问题上，他都是正确的”，“一直是站在毛主席方面”……

王首道常常对身边的工作人员说，自己从1925年刚刚在长沙参加共青团，就已经知道刘少奇早年献身革命，是我国工人运动的著名领导人了。1932年，王首道在中央苏区任湘赣省委书记，在瑞金首次见到了少奇同志，他当时任全国总工会执行局委员长。王首道请他对湘赣苏区的职工会给予指导，他十分和蔼亲切地说：“一句话，要从实际情况出发！苏区职工运动不能套用白区的办法，应当以动员工人支援革命战争为中心工作。”当王首道问到白区工作的情况时，他皱了一下眉，沉重地说：“搞革命都要从实际情况出发确定方针。在敌强我弱的形势下，不讲斗争策略，不做秘密工作，不积蓄力量隐蔽精干，把我们多少好同志都送到了敌人屠刀下，怎么会不吃大亏？叫人多么痛心！……”这番话，让王首道思考了很久。

经过长征到达延安后，王首道很长时间都在中央办公厅工作，两个人接触多起来。在王首道和易纪均的婚姻问题上，虽然介绍人是时任中央土地部部长的王观澜与徐明清夫妇二人，但刘少奇也帮过大忙。就这样，王首道和易纪均走在了一起，风风雨雨中共同携手度过了58个春秋！

1939年7月，刘少奇从华中回到延安期间，王首道在马列学院聆听了他讲演的《论共产党员的修养》一书，感到内容丰富，有针对性，深入浅出，很受教益。

早在湘赣苏区工作时，王首道就吃过“残酷斗争，无情打击”的苦头。六届六中全会以后，毛泽东主席亲自邀请王首道等几位受害同志谈话，代表中央为他们平了反。到整风期间，时隔几年了，刘少奇又找王首道谈心，了解当时一些冤案的具体情况，细问是否还有遗留问题。他真挚地对王首道说：“首道同志，你我都受过打击，吃过苦头，应当看作是一种锻炼。这样，我们对待犯过错误的干部，就绝不会搞王明他们那一套。”

王首道对刘少奇在“文革”中受到的打击和残害表现出极大的痛心和愤慨，刘少奇被残害致死，成了王首道心中永远的伤痛。

若干年后，党中央决定为刘少奇同志平反，并在北京人民大会堂举行追悼会。会前受中央嘱托，王首道、刘澜涛陪同刘少奇同志的家属，乘专机前往河南开封取回骨灰。王首道永远不会忘记，当时王光美双手接过骨灰盒，将脸颊贴在骨灰盒上痛哭失声……想到刘少奇全家的种种遭遇，王首道站在一旁潸然泪下。刘少奇平反大会结束后，刘少奇的儿子刘源诚挚地说：“首道叔叔和相当一批老前辈、老领导不仅是对我们全家的深切关怀，也是对党的事业、前途、命运的关心。”

春风化雨人间道——任弼时

“首道同志，我是任弼时的爱人陈琮英，这次他来接替陈洪时担任湘赣省委书记。是他叫我来看看你，打听了不少人才找过来。你病得这么厉害，我晚上就和弼时商量接你回去，有些问题还要澄清……这几块银元你先拿着，赶快抓药治病。”每当想起任弼时，王首道的脑海中都回响着任弼时的爱人陈琮英大姐的这番话，浓浓的同志爱、战友情在历经了数十载的雨雪风霜后，是如此的经久愈醇。

王首道生前一直将任弼时视为自己的良师益友，还常常引用叶剑英元帅的评价：“他是我们党的骆驼，中国人民的骆驼，担负着沉重的担子，走着漫长的艰苦的道路，没有休息，没有享受，没有个人的任何计较。他是杰出的共产主义者，是我们党最好的党员，是我们的模范。”

王首道早在湖南长沙农业专科学校读书的时候，就听到过任弼时这个名字，得知他在毛泽东的影响下，很早就参加了反帝反封建的革命活动，在湖南进步青年中久负盛名。早年的任弼时为了学习俄国十月社会主义革命的经验，决意到俄国去。在那里，亲眼看到了一个无产阶级专政的国家，看到了一个没有人剥削人的社会，于是在留俄期间就加入了中国共产党。

在汪精卫叛变革命前夕，任弼时在武汉主持召开了团中央紧急会议，通过一份提交党中央的意见书，主张对蒋介石和汪精卫予以坚决反击。可是这份意见书却被陈独秀搁置一旁，在不久后的武昌紧急会议上他要求发言并宣读这份意见书时，被陈独秀粗暴地斥责为“这是党的会议，青年团没有资格发言！”陈独秀的独断专行最终导致了第一次大革命的失败。

1931年，王首道任湘赣省委书记，因种种原因被打成“右倾保守主义”，被撤销了职务，由执行王明路线的得力干将陈洪时代理。这时任弼时到湘赣苏区接任省委书记，他并没有听信陈洪时等人的一面之词，而是广泛进行调查研究，倾听王震等许多同志的意见，采取慎重的态度，保护了一大批同志。

特别让王首道感动的是：被撤职后，调往白露、袁州一带搞基层工作。由于环境艰苦，王首道手脚生疮，又患了疟疾。就在这个时候，任弼时特地叫他的爱人陈琮英前来看望，还在经济上给予了帮忙。王首道当时算是犯了错误的人，雪中送炭般的关怀让王首道感动了很久。

红军长征到达陕北后，王首道又找到他谈起湘赣的问题，任弼时虚心地接受了，并对自己当时的不得已而为之做了诚恳的解释。在他身上，王首道等人看到了一个共产党人实事求是的品德！

在延安时期，任弼时和王首道同在中央办公厅工作，他经常叮嘱周围的同志不要铺张浪费，要爱护公物。生活上凡是能够过得去的，自己能够做到的，他决不去麻烦别人。艰苦的年代磨炼了他坚强的意志，但是长期过度的劳累也损伤了他的身体。1950 年 10 月，这是一个让王首道倍感伤心的季节，任弼时因病逝世了。

多年来，王首道忘不了他在大生产运动中戴着眼镜纺纱、在地里帮助农民锄草、解放后住在一所嘈杂的房子里坚持不搬、对别人认为是“土包子”的妻子不离不弃，还有他的博古通今、德才兼备……任弼时以他的正直、博学、朴实、坚韧，成为王首道名副其实的良师益友！

2004 年 4 月，《长沙晚报》刊登了一首作者为彭宗佑的《骆驼颂》，代表后人高度评价并概括了任弼时同志的一生。

“骆驼”报国誉传驰，抱负湖湘学子时。
志握镰锤驱腐恶，身临水火涤疮痍。
征程炼狱功威重，生产整风文武奇。
笑伴晨曦魂驭鹤，丰碑历历恸吟之。

白首壮心松柏操——林伯渠

“一滴终须归大海，几个到此悟平生？”林伯渠的诗句一直让王首道赞叹不已。诗境很容易理解，尚在天涯海角另一方的中华儿女，不论走过怎样曲折艰险之路，叶落终须归根，涓流终入大海，都应当为祖国的统一、繁荣和富强做出应有的贡献。而超越诗句本身的，是一位老人无以言喻的爱国情怀。

1926年，王首道在广州农民运动讲习所时，首次见到林伯渠。以后在江西中央苏区，在长征途中，在陕甘宁边区，与林伯渠的接触就开始多了起来。

在王首道眼中，林伯渠随着年龄的增长，银发苍苍，却充溢着青春浩气。身躯高硕，健步向前，演说谈话声如洪钟，仿佛永远有着用不完的精力。尤其是对后辈，更是位慈祥剀切的长者。林伯渠曾亲手写过两句诗：“白首壮心驯大海”、“秋水襟怀松柏操”。王首道大为赞赏，认为这恰可用来表现林伯渠的革命壮志与坦荡的胸襟和高贵的节操。

在和林伯渠相处中，王首道觉得他立身行事，律己甚严，时刻以共产党员的标准严格要求自己。虽然年资很老，早在第一次大革命中，他担任国民党中央党部的领导时，就已经是很有声望的“名流”了，但他从不自视特殊，到哪里都很快和大家打成一片，徐特立曾称赞林伯渠是“党员之模范，足以型后辈”。

王首道常常见到林伯渠在早晚散步时，用一口流利的陕北话和老乡攀谈，群众中的一些思想情况和生产、生活问题，往往掌握得最细。

从一位老同盟会员，变成坚强的共产党员；从大元帅府的参议，变成新中国中央人民政府秘书长，王首道说林伯渠的一生走过了一大段不平凡的历程。这条路，是继承和发展了孙中山先生的革命理想、合乎历史逻辑的进步之路。林伯渠，总是那么热切地盼望和帮助一些爱国党外人士，一起走这条进步之路。

1958年11月11日，林伯渠赴碧云寺纪念孙中山先生92诞辰，与何香凝、李济深诸老谈及国民党元老于右任先生不久之前在台湾回溯前尘的诗作，认为其诗“中山陵树年年老，扫墓于郎已白头”未免过于伤感，当即挥毫亲书一绝：“不怕扫墓人白头，中山陵树绿悠悠。

当年黄埔分明在，风雨同舟忆旧游。”林伯渠的诗，表达了他的殷切期望，希望在台湾的旧友们，能深明大义，和祖国人民一起团聚在已是绿荫繁枝的中山陵树之下。

多才元帅叶剑英

1987年2月，叶剑英元帅已经逝世3个多月了，王首道还是常常望着他留赠的照片，思绪回到遥远的从前……王首道和叶剑英是在1932年相识的，当时红军正在中央苏区进行反“围剿”。由于战事繁忙，大家在一起谈话的时间并不多，但叶剑英还是给王首道留下了才思敏捷、知识渊博、雍容大度的印象。

抗日战争胜利后，为了制止内战爆发，由国共两党及美国三方面组成军调执行部负责协调各方工作。叶剑英为我党驻北平代表，王首道接替饶漱石担任驻沈阳代表组组长，这期间得到过叶剑英的多次帮助和支持。有一次王首道来到北平，向叶剑英汇报和请示工作，叶剑英把当时的战争形势、未来的发展趋势及任务，都入情入理地作了具体的分析和指导，甚至有些很具体的谈判艺术，也一一潜心施教，对王首道等人后来的工作起了很大的作用。

60年代，王首道在中南局工作，后来又在广东省委工作。叶剑英是广东梅县人，他对广东特别是对哺育过他的家乡怀有深厚的感情，每次回乡有机会同王首道见面时几乎都说：“人老了，对家乡就更有一种眷恋之情。家乡人民在革命中吃过许多苦，对革命做出过很大贡献，现在他们生活还不富裕，我们要好好干，把国家建设好，使他们的生活能得到改善，这样才对得起他们！”

1971年初，叶剑英来广东视察时，见到家乡的山都光秃秃的，很是伤心。王首道和陈郁去看望他时，他说：“以前山下满是树木，现在怎么都剃光了？这对不起后代呀！”王首道感到很内疚，表示一定要把这些工作做好。后来，叶剑英再回广东视察时，还一再叮咛要抓好这项工作。

王首道还常常回忆起叶剑英非常惦念台湾的同窗故旧，希望他们能早日回到祖国大陆和家人团聚。他在港澳的朋友也很多，每当他回到广东时，那里的许多亲朋好友都来看望他，他总是耐心地宣传党的方针政策，希望他们能给台湾的亲人做工作，为实现祖国统一大业做出贡献。

叶剑英逝世后，王首道心头一直涌动着一个愿望，那就是叶剑英的这一未了夙愿，一定会实现。

茫茫陕北歌“一圣”——刘志丹

陕北是工农红军胜利结束长征后的落脚点，又是后来夺取全国胜利的出发点。1935 年 10 月，正当毛泽东主席率领中央红军到达陕北前夕，陕北却面临着严峻的局势。王明“左”倾机会主义路线曾使全国各个根据地遭到严重破坏——钦差大臣满天飞，所到之处，打着“反右”、“肃反”的旗号对坚持正确路线的同志无情打击，使全国的红色根据地丧失了 90%，陕北也深受其害。刘志丹等许多干部被打为“反革命”，投入监狱，这一形势下人人自危，加之蒋介石的重兵“围剿”，这块根据地时刻面临“朝不保夕”的危险。

毛主席在认真听取了当地干部群众的反映后，当机立断做出指示：刀下留人，停止捕人！毛泽东在下寺湾的一次干部会上语重心长地对大家说：杀头不像割韭菜那样，韭菜割了还可以长起来，人头落地就长不拢了。如果我们杀错了人，杀了革命的同志，那就是犯罪行为。

直接审理刘志丹等人案件的是戴季英，他当时任后方军事委员会主席兼陕甘边区保卫局局长。见到王首道等人，他拿出许多案卷来，作为刘志丹等人是“右派”、“反革命”的所谓“证据”。王首道等人按照毛主席“要慎重处理”的方针，并不轻信这些案卷，立即着手进行调查访问。

后据了解，刘志丹从青年时代就投身革命，入党后被派往黄埔军校学习，积极参加反对帝国主义和北洋军阀的斗争。大革命失败后，又于 1928 年组织了陕西渭南、华县的武装暴动。从九一八事变到反“围剿”，大大小小战役不计其数，为中央红军落脚陕北创造了有利条件。就是这样一位忠心耿耿的共产党员，却被打成了“右派”、“反革命”！

“正月里，是新年，陕北出了个刘志丹。刘志丹来是清官，他带队伍上横山，一心要共产……”

当地流传的民歌唱出了人民群众对他的情感。

王首道在见到刘志丹时，才惊讶地发现他身为“首犯”还戴着手铐脚镣。面对这次“机会”，他表现出一个革命家特别的风度。他并没有反复为自己辩解什么，反而说：“我承认是有错误的，组织审查是应该的。但我是光明磊落的。红二十五军来到了陕北，对我们帮助很大，现在中央又派人来，我非常高兴。”

夜深人静后，王首道在窑洞内昏暗的灯光下，一遍又一遍审查着案卷，对刘志丹等人的遭遇深感气愤，下定决心一定要掌握大量确凿的证据为这些同志翻案。

直罗镇战役后，毛泽东、周恩来同张闻天一起亲赴瓦窑堡听取王首道对该案的详细汇报。大量的事实面前，戴季英不得不低头认错。问题终于查清，党中央立即决定给刘志丹等人平反。

王首道亲自为刘志丹、习仲勋、张秀山等被解救的同志宣读平反文件。

沉冤昭雪，刘志丹终于看到了一方明朗的天空……后在围攻山西中阳三交镇战斗中不幸中弹牺牲。刘志丹的磊落与担当让王首道永远记住了他，他的问题也带给了王首道深深的思考——王首道也曾遭受诬陷身不由己，一个共产党人在这种“特殊”时候需要一种选择，生死攸关之际的这种选择恰恰代表了自己对党的信心或者说是人生价值观，缺少了这份担当就无法改变一个世界，更别提拥有。

改革开放前夕，王首道偕同夫人易纪均在工作人员的陪同下再次来到久别的志丹县，和当地的老乡回忆起了几十年前的往事，说起当年走家串户的恩人“老刘”，大家禁不住泪眼婆娑。一位老乡还沿用着当年的老称呼，颤声说道：“王部长啊，好几十年了，咱知道，你来这里是因为和咱志丹县的人一样，忘不了老刘啊！打土匪、救穷人，为咱做了多少事！我们还记得您当年说过的毛主席的话‘杀人不是割韭菜’，这话咱们多少年都记得啊！”最后，老乡们又一起唱起了那熟悉的信天游。

一代功名托至公——李富春

“岁寒松与柏，忠贞照千古。”每次默默品读着诗人赵朴初为李富春题写的诗句，王首道的思绪都会不期然地飘回湘赣苏区、万里长征，还有东北大平原上的“财经岁月”。

在王首道眼中，李富春身上所折射出的是一种共产党人所特有的“力量”与“魅力”，正是这种“力量”与“魅力”，让小他5岁的王首道在他去世很多年后仍念念不忘。1990年王首道还在数算着说，如果他健在的话，正好90岁了。

李富春是我党老一辈无产阶级革命家，王首道当年参加革命工作时，他已经是党的重要领导干部了。两人开始接触是1931年在中央苏区，李富春任江西省委书记，王首道任湘赣苏区省委书记。长征时李富春代理红军总政治部主任，王首道则在中央直属队担任政治部主任。工作上的直接接触，还是在延安时期、东北根据地和解放后。

延安时，大家都习惯性地把任弼时赞为任重道远的“人民的骆驼”，李富春则被誉为吃苦耐劳的“革命的毛驴”。正是靠这种“毛驴”

精神，他在不同的工作岗位上，在政治工作、组织工作、经济工作等方面，都做出了举世公认的卓越贡献。

很多年后，王首道都清楚地记得李富春的平易近人。对待年轻人，李富春不仅从政治上关心，而且在工作、学习、生活安排，以及青年人的恋爱、婚姻等各方面都关怀备至。王首道结婚时，李富春在延安当时经济非常困难的情况下，仍然特别关照工作人员为王首道和易纪均安排了简单而隆重的结婚仪式，邀请了很多战友欢聚一堂，并亲自前来祝贺。婚宴虽不丰富，但那道用鸡蛋和面粉调制的、被大家称作“三不沾”的菜品，却永远留在了王首道夫妇的美好回忆中，而同时留下的，还有那种亲密无间的、浓浓的战友情与同志爱。

李富春从来不考虑什么是分内工作和分外事情，在他看来，工作时间和非工作时间、本职工作和社会工作没什么根本区别，只要革命需要、群众需要，不论什么事他都乐意去做。让周围同志最为感动的是，李富春还十分关心革命遗孤，有几个直接收养在自己家里，有些则如亲友往来。李鹏就是其中一位，王首道曾几次在李富春家中看到他。

1945 年，日本投降前夕，李富春被派往东北，主要是协助陈云主抓东北根据地的财经工作。这期间王首道也奉调来到东北，开始任东北财政委员会主任，后任工业部部长。从那时起两人有了进一步的接触，王首道印象最深的是，李富春十分重视东北地区，认为该地区情况特殊，不同于其他任何根据地。比如东北根据地有着基本完备的现代化大工业体系，农业方面则开始使用机械耕作，广阔肥沃的大平原上，呈现出“大农业”和农民个体经营并驾齐驱的特点。因此李富春认为，经济工作一定要抓住这一根本特性，不能小手小脚。陈云与李富春具体主持工作，无论从指导思想方面，还是相关行之有效的措施，对于今天的经济改革来说都有很大的借鉴意义。

“一代功名托至公”，王首道认为李富春个人品德中最核心的东西，就是他一心为公的精神。这种精神是值得后辈永远认真学习、努力继承和发扬的。在后人心目中，李富春永远占据着一种“特殊”的位置。

疾风劲草惟秉公——谢觉哉

当宪法、刑法、民法、经济法、诉讼法等九大法系从不同角度“服务”着当今社会时，谁能想到早在1937年，这些法学“先驱”在陕甘宁边区，已在殚精竭虑地游弋于“律”与“法”的浩瀚海洋中，希冀着未来共和国的法制天空。谢觉哉，就是其中的一位。

从《王首道文集》中可以看到，谢觉哉在中央苏区时期，与徐特立、董必武、林伯渠和中共一大代表何叔衡被尊称为“苏区五老”。红军长征开始后，何叔衡留在苏区，后被敌人杀害。长征到达陕北，在延安时期，谢觉哉又与徐、董、林和吴玉章被全党全边区誉为“延安五老”。晚年担任全国政协副主席，继续为统战工作献出自己的一份心力。

谢觉哉的高风亮节一向为王首道所深深敬重，他认为谢觉哉为我国的立法司法工作留下了大量的创议。

早在1937年，陕甘宁边区由工农民主制度改为抗日各联合组织民主制度，边区成立了参议会，谢觉哉任副参议长，主持参议工作。这时的《参议会组织条例》中规定：“边区各级参议会为代表边区之各级民意机关。”到1941年第二届参议会上，谢觉哉将这一条改为：“边区各级参议会，为代表边区各级人民代表机关。”这一表述的变化表明，参议会已不仅是边区全体人民的民意代表机关，并指明它是人民管理自己政府的最高权力机关。后来他在第二届第二次参议会《发言提纲》中，提出将“参议会”正式改为“人民代表会议”的意见，并全面论述了自己对民主选举、人民代表会议制度和民主政府的认识……后来，中央决定召开中国解放区人民代表大会（因形势发展很快，未能召开）。谢觉哉受中央委托起草了发给各解放区参议会、政府的通电，正式使用了“人民代表大会”这一名称。因此，薄一波在一篇文章中认为，这件事是谢觉哉“一个有历史意义的创议”。

谢觉哉在青年时代就常常见义勇为，帮助穷人打官司。他在最早的中央苏区时期，即参加制定了中国人民的第一部《选举法》，以及《土地法》、《劳动法》、《婚姻条例》、《税收条例》等，这对巩固和发展革命根据地起了重要作用，同时为我国初期的立法工作做出了卓越贡献。

1959 年，谢觉哉当选为最高人民法院院长。他到任后首先提出要切实改变办案质量不高的问题，并强调要恢复法院的正常审判制度，把案子办得“更准确、更细致、更踏实，做到不纵、不宽、不漏、不错”，并提出了几条改进全国法院工作的具体措施。

王首道说谢觉哉一生廉洁奉公，秉公执法，是人民的好公仆，更是人民的好法官。当共和国的法制正日益走向成熟与完善时，人们不该忘记谢觉哉，不该忘记这位中国司法界的先驱！

一腔挚爱托笔耕——周立波

《湘江一夜》、《暴风骤雨》、《战地日记》……遥想当年，一个文弱的书生多年穿行在枪林弹雨中，用生命来撰写、来歌颂他所认定的理想与和平！

1979 年 11 月的一天，王首道突然接到一份讣告。也许每个人的晚年都会有这样的生活片断——不知道哪位老朋友猝然离世。王首道用颤抖的双手揭开信封，沉默良久才开口：“立波同志逝世了！”老友的故去当时给了王首道很大的打击，目光中的那抹怀念与不舍让身边工作人员都跟着伤感起来。

伤感了很久，王首道才开始慢慢回忆着周立波的一切。周立波很早就开始文学创作，是中国共产党培养起来的优秀作家。他入党前就参加了党的文化工作。参加罢工斗争被捕后在狱中受尽折磨，在法庭上对种种诬陷与迫害表现出了一个爱国志士的崇高气节。出狱后负责编辑《每周文学》，积极推动革命文学运动。七七事变后，身为战地记者，在战火纷飞中他走遍华北前线，撰写出了《晋察冀边区印象记》、《战地日记》等特写散文。

1944 年 11 月，周立波积极要求参加王震和王首道率领的 359 旅南下支队，深入华南敌后创建抗日民主根据地。王首道一行当然热烈欢迎，并将他留在司令部负责秘书工作。部队南征北战行程两万里，这个文弱书生和战士们同甘共苦，为战士们办报纸，亲自写稿、编辑、刻写蜡板、印刷……很快，一份《解放》小报就这样诞生了。王首道在几十年后都记得他在一盏昏暗的油灯下，戴着深度近视眼镜，守着电台，认真地一字一句地记录着电文的身影……后来这份报纸影响极大。

解放战争时期，周立波又去东北参加了土改工作队，与当地群众患难与共、情同手足。很难想象，没有扎实的生活基础怎么可能写出《暴风骤雨》这样的作品！

周立波也曾在他的文章中这样评价着王首道："首道同志很热情，但是他的热情深深地埋藏在心底，使他发出一种为人民事业的深沉持久的潜能。他是一个对人民有着强烈热情的人。"

王首道在哈尔滨出任东北财经委员会主任期间，东北局在松花江畔的太阳岛上为王首道安排了一间工作室。房子四周苍松翠柏、流水淙淙，环境极为幽静清雅。王首道因为常常深入基层工作，因此房子大部分时间都空着。这时恰逢周立波在写作上面临着工作环境上的困难，王首道知道后立即安排他住进了这里。就是在这间房子里，周立波奋笔疾书，举世闻名的《暴风骤雨》就此问世。

新中国成立后，周立波依然笔耕不辍，他还支持爱人林兰编剧的电影《祖国的花朵》于 1955 年上映，在国内外影艺界引起巨大反响。

后虽经“文革”打击，但平反后写出了关于359旅南征北返的长篇创作第一篇《湘江一夜》，当他正奋力创作第二篇《风雪汾水》时，不幸逝世，留下了一份永远无法弥补的遗憾。此情此景，王首道怎能不痛心而泣？

每当想起周立波夫妇，喜欢孩子的王首道都会想起自己和老伴与他们夫妻二人共同演唱的那首《祖国的花朵》主题曲《让我们荡起双桨》：

让我们荡起双桨，
小船儿推开波浪。
海面倒映着美丽的白塔，
四周环绕着绿树红墙。
小船儿轻轻，飘荡在水中
迎面吹来了凉爽的风……

嘹亮的歌声竟然穿越了半个多世纪，至今仍广为传唱。

2010年7月，周立波之子周健明在接受记者采访时，坦陈“王首道救了家父周立波一命”的经过：

当时任湖南省委组织部副部长的李青同志告诉我，王首道为平反家父周立波冤案曾经直接找过他，并且向省委明确表示了自己的意见。当时那个年代，“文艺黑线论”还没有被推倒，王首道尽心尽力挽救了包括父亲在内的一部分同志的生命。后来，我去拜访王首道时，他家的正中墙上挂着两行父亲写过的七律诗：南度岭南学农运，北临陕北雪人冤。他站在条幅前，久久地凝视着它，我看见他眼里闪烁着泪光……王首道同志让我增加了对父亲的崇敬，也知道了关心别人比关心自己为重是共产党人重要的品德。从另一层意义上来说，如果没有王首道，也许作为"茶子花派"的父亲写作生涯怕是到此打止了。

同样，很多年后，提起周立波，王首道都对他的为人敦厚、待人诚恳、生活朴素、作风平易难以忘怀。周立波将两次获得的斯大林奖金和稿费收入，都全部捐助给了部队、作协和公社、幼儿园等单位，直到去世，一直住在北京百万庄一栋非常简朴的楼房里。王首道说：这，才是人民的作家！他，不仅仅是用笔来书写作品，他是用"心"在创作，用生命来描绘人生的真谛！

长征中的王首道与马从炘

1988 年，时任济南军区政治部军事法院副院长的马从炘，见到前来视察的王首道，喜不自禁，兴高采烈地一番攀谈之后，看看日色将午，忙问老领导中午想吃什么，自己一定尽心安排。王首道笑笑说："最想吃当年长征路上，奖励给你和马夫老杨的那块马肉！当时可把我馋坏了。"

"什么？您居然还记得那块马肉？哎！一晃 50 多年了……不过那么艰苦的环境下，那块马肉真是香啊！"马从炘神思悠然地咂着嘴，两人的思绪也随着话题飘回长征途中。

"爬雪山过草地同样艰险无比。夹金山，海拔 4 500 米，山上空气稀薄，天气变幻无常，进到山里，雪花飞舞，红军战士一个个变成了雪人，越往山上爬，路越艰难，空气越稀薄，人喘气十分困难。有的同志累了坐下休息，就永远没有起来，有的同志走着走着，不知怎么倒下去就没站起来。前面的同志牺牲了，后面的同志继续前进，雪山终于被红军干部战士百折不挠的革命毅力征服了。红军离开毛儿盖北行 20 公里便进入草地。草地根本没有路，千里沼泽，人烟杳无，'鸟飞不下，兽铤亡群'。饥饿、寒冷、沼泽、疾病……威胁着每个红军指战员的生命。没有吃的，把骡马杀掉；骡马没有了，挖野菜；野菜吃光了，就煮皮带吃。由于缺盐，许多人发生浮肿。我和我的警卫员在没有吃的时，把骡马大粪中的青稞粒扒出洗干净吃，渡过了难关。靠着坚定的革命信念和革命意志，红军干部战士走过了人迹罕至的荒滩草地。多数同志挺过来了，数以百计的战友倒下了，把忠骨埋在了渺渺的草泽里……”王首道在《长征是我们宝贵的精神财富》一文中这样写道。

马从炘就是文中的警卫员。雪山草地的一路跋涉中，除了那难忘的“青稞粒”，还有那块“香飘”数十年的马肉，此外还有那声50多年后言犹在耳的“娘！”……

马从炘在他的回忆录中提及，初见王首道是在湘赣苏区。用马从炘自己的话说就是：“开句玩笑，我的文化水平虽是一般，但教我识字的全是中国历史上的名人，除了陈云，我的另外的老师还有邓颖超、陆定一、王首道等同志……”

当时马从炘正跟邓颖超学识字，因为一点基础也没有，因此学起来特别吃力，学过的字总是记不住。邓颖超非常耐心，把字写在一块刮过皮的竹板上，让马从炘反复念，边念边用竹棒在地上画写，这样才容易记住。

一天晚饭后，马从炘又蹲在地上画写起来：“全世界无产阶级联合起来。”这时一个人走过来在他面前蹲下来，马从炘抬头一看是位首长的样子，刚要站起来敬礼，却被按下。然后这人指着其中的“联合”两个字问马从炘该读什么。马从炘便开始从第一个字往下数，这个人却把上面和下面的字抹掉。马从炘开始发毛了，一脸窘态。对方哈哈大笑起来：“江西人吧？”马从炘点点头。

“你这么用功应该学得更好，不过我们所说的识字，是认字的模样，知道它的意思，不是让你挨个数。只要把它的样子记住，不管这个字出现在什么地方，你都知道它当什么讲。你的先生是谁？”对方又问。

“邓颖超同志……”觉得给“先生”丢了脸，马从炘有点不好意思。

“好！邓大姐有耐心，你就坚持学。什么地方不会就来问我，我叫王首道。”就这样，马从炘认识了王首道。

第五次反“围剿”后，陈云调任红五军团政委，作为陈云的警卫员，马从炘则留在了中央局，直接在王首道的领导之下。

长征第一天，部队行军来到了马从炘的家乡——江西于都县宽田乡上堡村的附近。晚上宿营时，王首道找到马从炘，悄悄把他叫到一边说：“咱这一去不知道哪天回来，我听说你家离这不远。家有老母，就回去看一趟吧！尽忠尽孝是中国人的传统，我要了两匹马，咱立刻走，天亮以前准能赶回来。”

马从炘落泪了，自从队伍进了于都县境，回家看一眼的念头一直就没有打消过，但队伍中这么多人如果每人都想回家看看，那长征还没开始恐怕就四散分离了，因此一直忍着没敢提。现在突然知道可以回家，竟激动得哭起来。

“哭什么？咱还不快走？回去看看老娘和家人。”王首道有点着急了。

“不用骑马，过了这条河就是我家，走着也用不了半个钟头。”马从炘边说边领着王首道往家里的方向走去。

天下着雨，母亲一见马从炘顿时泣不成声，拉着的手始终不肯松开。马从炘知道，家里大哥当红军已经北上，二哥在区武装部工作，在根据地县独立团与敌人周旋，弟弟参军后随红三军团也要立即出发，小妹是县里的青妇委员。家中兄妹6人，有5个参加了革命，只有大嫂和母亲在家。家中空荡荡的，母亲心里明白，孩子这一走，真不知道还能不能活着回来。

母亲哭着哭着便剧烈地咳嗽起来，王首道眼睛也湿润了，赶忙搀扶着母亲帮她轻轻捶背。

“娘，队伍这次路过时间很紧，半夜就得出发，来不及说话了，儿就想看娘一眼……儿不孝，不能替娘出力。娘要保重身体，和嫂子好好过。我们要打到敌人后方去，红军终有一天会打回来！”马从炘边哭边说。

“王家大哥，我把从炘交给你们照顾了。你们都……好好地活着回来！”母亲用衣袖擦着泪，边咳边说着，准备送送两人出门。

王首道在马从炘耳边小声说：“给老人磕个头吧，这一走不知道哪年回来。”

马从炘点点头，立即跪了下来：“儿子不孝，在这里谢谢母亲的养育之恩。如果今生难报，那就来世再报吧！”说罢再次大哭起来。

王首道见状，忙拉起马从炘，埋怨道：“这是什么话！老人家还指望你将来打下江山过好日子呢！”随后握住老人的手说：“娘！咱们的队伍就是为给穷人打天下才吃这么多苦的，您别担心，用不了多少年，咱们的好日子就来了！那时候，一定让小马好好照顾您，全天下的娘亲都会老有所养，孩子都有学上。您一定要等着我们！”

看着二人渐渐远去的背影，老人抬起衣袖，轻轻擦拭着潸然而下的泪水，口中喃喃着：“全天下的娘亲都会老有所养，孩子都有学上……”王首道和马从炘没有食言，全国解放后马从炘将老母亲接到身边，让老人度过了一个祥和幸福的晚年。

长征一路走来，所经过的都是人烟稀少的偏远山区，没有盐，更没有粮食。几乎每天都是找点树叶、野草和麦草，用水煮煮吃。因为没有油，吃上几大碗肚子胀得不行，却还是觉得饿。队伍中不少骡马被杀掉充饥。

过雪山之前，王首道指着自己那头骡子拍着马从炘的肩膀说：“小马啊，这是咱们队伍里为数不多的牲口了，它很壮实。杀了那么多的战马我都没舍得把它杀了。中央的文件也一直由它驮着，过雪山的时候要格外小心。风大，别把文件吹丢了。我知道你办事细心，所以让你来办这事。”随后又对马夫老杨说：“给它一点粮食吧，天冷，你和小马一定照顾好它。”说完匆匆忙忙安排其他事情去了。

当时，过雪山的顺序是先遣队、中央局，然后是大部队，严格按次序行军。出发前中央军委发出命令：前后紧跟，呼叫联络，相互照顾，不准插队，等等。

小马和老杨开始跟在中央局的后面，缩着脖子顶风冒雪跟着前面的人快步行走，根本用不着抬头看路。

“注意！有独木桥！”前面传来口令，老杨推一下小马：“小心，前面有独木桥，你把褡子拿下来，别弄丢了文件。”

走近前才发现，这条路上只有一座独木桥，其实就是一棵很粗的大树横在大壕沟之间，不知道什么年间落成。为了大部队行军，先遣部队已经把大树的上面砍平，足有一尺左右宽。队伍依次过桥，基本没人掉下去。

轮到马从炘他们过桥时，怪事发生了。别的骡马都安安静静地从独木桥上走过，只有他们这头驮着机要文件的骡子，一看到独木桥就昂头惊叫，并且使劲往后坐，怎么推拉都不肯过桥。这样一来，他们这一骡两人就堵住了整个队伍的行军流程。这时，先遣队指挥过来把他们推开，恢复了正常的过桥速度。两个人眼睁睁看着别人过去，就是插不上队。

一个多小时后，队伍出现了几次很短的断档，他们也几次试着往桥上拉骡子，指挥过桥的同志也过来帮着拉，无奈这头骡子就是不上桥。这时有人提议说干脆把骡子杀了，趁着人多把肉切小点还能分一分，但老杨说什么也不让，结果整个中央红军队伍全部过桥而去。

天快黑的时候，整个队伍全部过完，指挥过桥人员也准备走了，他们劝老杨和马从炘扔下骡子一起走。看着这匹长征中一路驮着文件默默跟随的骡子，两人无论如何也狠不下心，再想到王首道亲自交待过的话，终于下定决心，还是留下来想办法，说什么也要带骡子一起走。

队伍彻底走光了，独木桥两端霎时变得静悄悄的。天越来越黑了，风雪也渐渐大起来，两人开始又急又怕。急的是大部队走远了，而且早就听说雪山山高路险，一两个人是根本过不去的；怕的是后有追兵，又怕有少数民族不明所以打冷枪。两个人此时都是单裤单褂、赤脚草鞋，加上缺氧，脸色极差。马从炘身上裹着一块油布，相对暖和些。看着老杨又青又紫的脸，马从炘四下张望着，看到不远处一个牺牲的战士身边有一件蓑衣，便走过去。那位战士不过20岁，脸上稚气未除。越看心里越难过，便抓起两捧雪盖在了他的脸上。随即拿起刺刀，在蓑衣的肩头挖了两个洞，让老杨穿上，再用绳子扎住腰，老杨顿时觉得暖和多了。

天色几乎完全黑下来，两人急中生智，用一块布蒙住骡子的眼睛，终于一前一后拉着骡子过了桥。此时部队已经走远，两人也就成了中央红军最后过雪山的人。

第二天下午，王首道正为两人的安危忐忑不安之际，突然见到两人死里逃生带着文件居然赶上了队伍，当即惊喜欲狂，高兴地说："人和文件一样也不少！太好了！这一天多真把我急坏了！"王首道一边说着，因为抱不动身材高大的老杨，激动之余，竟一把将马从炘抱起来，就地转着圈。然后放下马从炘，从口袋里掏出一块核桃大小的半生不熟的烤马肉，用刺刀从中间切开，给两人一人一半。

"快吃，我从昨天到现在一直没舍得吃，就是留着奖励你们俩的、给你们庆功的！等革命胜利了，请你们俩吃红烧肉，每人两大碗！"

乃馨寄语：岁月倥偬，数十年间，爷爷和他的老朋友们都去了……但他们留在世间、留给后代的并不仅仅是一些故事、一些作为，他们留下的更多是一种力量、一种品德、一种美酒般经久愈醇的人格风尚！这种人格风尚将永远"珍藏"在我们的心目中，经久难忘！

小时候在逢年过节时妈妈有时会去探望王光美奶奶，妈妈回来每次都说王奶奶很开心。妈妈说前人的那一大段情谊不该在后辈身上越来越淡，同时也算是对爷爷和少奇爷爷在天之灵的一个安慰。

往事如风，岁月的长河中总有些值得珍藏的记忆交给后人来品尝与回味。在爷爷和这些老朋友们的交往中，几乎每一个环节都与开国、建国大业密切相关。在他们的内心深处，共和国的今天与明天要高于个人一切，而彼此之间的交往也是为了这一共同的人生目标。

仿佛沧海遗珠，我所捡拾到的只是爷爷生命旅途中极少的一部分，更多的故事则遗落在渐已逝去的时空中，等待后人的笔去挖掘、去记录，而历史，就是这样被书写下来的。

亲爱的读者朋友，书写至此，本书已至尾声，如果说我的文字能带给您一点点思考或感悟，那么我已是“不虚此撰”！朋友们，多多珍惜我们生活的美好吧，因为有那么多人曾经为了这份“美好”付出了全部的爱与生命，让我们用珍惜当下来“回报”他们吧！

跋

转瞬间已是而立之年，在爷爷的百年诞辰和很多特别的日子里，这个梦境一直重复着——20世纪80年代末，初夏午后，爷爷和我在海淀区一所大院的小楼前的葡萄架下对弈攀谈。

爷爷：乃馨，爷爷教你下五子棋有段日子了，和小朋友下得怎么样？

我：有输有赢，不过输的时候更多。爷爷，乃馨笨吗？

爷爷：乃馨不笨，棋的妙趣不完全在输赢中，棋的境界在棋外。

我：乃馨不懂。

爷爷：无论什么棋，首先教会你"重估自信"。你走每一步棋时都会认为自己这一招是对的，但当别人轻易取胜时，你才明白自己的能力没有想象的那么好，所以你要准确估计自己，不能盲目自信。但是别人赢了，你不能生气，更不能灰心，有生气的精力不如用来学习对方，提升一下自己，因为还有下一局，还有和其他人的下一局，目光要放在将来。

我：……嗯，爷爷，是这样。还有呢？

爷爷：你来看，五子棋表面看是五个这样连成一串，实际上是"空间战"。一行连起来会被对方轻易堵住，只有三三、三四、四四交错成行时，对方才能顾此失彼、放弃认输。而交错成行需要的就是空间，但打下自己的空间时，等于也给对方留下了空间，因此棋的乐趣在于攻守中的对峙带来的思考和感悟。有时宽容别人实质上是善待自己，逼对方过紧，不审视自己的后方处境，有可能会被对方一招轻胜。

我：爷爷，您的意思是说攻击和防守都应该有个度是吗？

爷爷：是的，乃馨真聪明！爷爷多年来经历过的战役不计其数，战争、人生都如下棋，死打硬拼、偶尔的取胜不是最高境界，而更巧、更多地掌握空间才是大局取胜的关键。说起攻防之度，你会发现有时连赢数局会忽略掉自己致命的弱点，被对方釜底抽薪轻易拿下；而连败几局之后就会畏首畏尾，因为怕再输而不敢关键时刻下重手，导致错失良机。就这样胜胜负负，很难做到胜不骄败不馁。

我：爷爷，人活着就像下棋一样是吗？——有输有赢，看重大局就好？

爷爷：可以这样看，棋，其实是一种道理。人生远非输、赢、和三种状态所能涵盖，要比这复杂得多，有时还要看你如何判断与对待。生命中很多看似失败的东西事实上也是一种"赢"，是一种长效之赢。比如你一次考试没考好会让你重新判断力争下次；丢了一个好看的洋娃娃，从此知道以后要小心不能再丢；你和小朋友吵架了，你要学会检讨自己。其实人生胜负又怎么样呢？努力了就不要计较太多的得失。乃馨，将来无论输赢你都可以把它看作是一种"赢"，输赢都是乐趣。一旦没有了这些胜败讲和，人生又有什么意义呢？这就是棋，棋的魅力就在于让人下、让人想、让人悟。每个下棋的人，无论人生旅途中还是在这小小的棋盘上，无时无刻不在对弈。

除此之外，一定要允许对方悔棋，这样你才会变得宽容、有胸怀。对伤害过你的人，不要记恨他，是这种挫折让你学会坚强、忍耐。棋，和人生是分不开的。

我：乃馨没全懂。

爷爷：慢慢长大了，你会懂。

……

的确，我慢慢长大了。我从小迷上了棋，在对弈的相持中反复品味着爷爷一生中不同时期的生命片断：

母子采药下山，母亲脚小站立不稳，孩子一把抓住母亲的背篓，母子二人一起从山上滚下，手中却依然紧紧抓着药篓；

农讲所宿舍中，身着黄埔军校校服的年轻人如饥似渴地倾听着毛泽东讲授“宝塔图”、敌友论；

祁阳农运中，那几十双将特派员抛向空中的大手；

虎口脱险时，那高高的城墙和撒落一地的银元；

三打张坊时震耳的枪击和混杂其中的鞭炮声；

湘赣时期的正直无私却换来撤职下放；

长征途中，那马粪中的青稞粒和香飘数十年的马肉；

陕北案件中，那高亢、悠扬而略带凄楚的信天游；

延安除夕，那一份沉重的昭雪名单；

南下途中的“赤足冰河”与“食鱼之乐”；

和平解放长沙时滴滴的电报声；

公路开通后，藏胞献上的洁白的哈达；

“跃进号”事件中，那一番默默的承担；

“文革”中，部分专家学者的悄然获救；

盐田港，百舸入港的雄美豪壮；

百姓餐桌上，那一枚枚鲜红欲滴的小番茄和青青的荷兰豆；

弥留之际，对我的爸爸、妈妈说：“边远山区还有很多孩子读不起书，他们是我们国家未来的人才啊！计生和教育工作太重要了，你们要继续努力……”

……

亲爱的读者朋友，看到这里，也许您已经完全明白，我，为什么要写这本书了。

王首道生平大事记

1906年4月　出生，湖南浏阳人。原名王芳林，曾用名王一分、王守道。父亲王问礼、母亲李平贞共育有7个孩子，王首道在五个男孩中排行第四。

1915年(9岁)　在上洪小学读书。

1922～1925年(16～19岁)　在长沙“修业农业专科学校”学习，加入中国社会主义青年团，并开始参加革命工作。

1926年(20岁)　3月进入毛泽东主办的第六届广州农民运动讲习所学习，学习期间入党，并任讲习所党小组长。同年9月被派往湖南从事农运工作，先在祁阳县担任省农运特派员，后任中共浏阳县特支书记、县委书记。

1928年(22岁)　担任中共湘赣边特委书记。

1930年(24岁)　5月起任中共湖南省委常委，负责组织工作。

1931年(25岁)　到上海向党中央汇报工作。同年10月被派往湘赣苏区工作。在中共湘赣省第一次、第二次代表大会上连续当选为省委书记。

1933年(27岁)　因抵制王明“左倾”错误被撤销中共湘赣省委书记职务(1938年平反)。同年11月被调往中央苏区。

1934年(28岁)　任中共中央组织局秘书长。参加了长征。其间任军委第一野战纵队政治部主任。后随红九军团北上，途中任国家保卫局执行部部长。到达陕北后，任西北保卫局局长。红军东征时任红军保卫局局长。

1936～1937年(30～31岁)　任红十五军团政治部主任。

1937 年(31 岁) 6 月起任中共中央秘书长。

1940 年(34 岁) 任中共中央直属机关生产节约运动委员会主任。

1944 年(38 岁) 1944 年 10 月至 1946 年 6 月,任八路军南下支队政治委员。

1946 年(40 岁) 6 月任军事调处执行部第二十七执行小组(简称“东北小组”)成员;8 月任东北行政委员会财经委员会主任,后任经济委员会主任;11 月起任中共中央东北局委员、东北局财经办事处主任、东北局财经委员会委员。

1949 年(43 岁) 任湖南省长沙市军管会副主任。1949 年 3 月至 1952 年 9 月任中共湖南省委副书记。1949 年 5 月起任中共中央华中局委员。1949 年 12 月至 1952 年 12 月任中共中央中南局常委。1949 年 12 月至 1952 年 9 月任中南军政委员会委员。

1950 年(44 岁) 1950 年 4 月至 1952 年 3 月,任湖南省人民政府主席。

1952 年(46 岁) 1952 年 4 月至 1954 年 10 月,任交通部副部长、党组书记(后者自 1952 年 8 月起)。

1954 年(48 岁) 1954 年 11 月至 1959 年 6 月任国务院第六办公室主任。12 月当选为政协第二届全国委员会常委委员。

1958 年(52 岁) 1958 年 2 月至 1964 年 7 月担任交通部部长、党组书记。

1964 年(58 岁) 1964 年 5 月至 1966 年任中共中央中南局书记处书记。

1965 年(59 岁) 1965 年 1 月当选为政协第四届全国委员会常务委员。

1968 年(62 岁) 1968 年 2 月至 1978 年 11 月任广东省革委会副主任,期间:1968 年 2 月至 1970 年 12 月任广东省革委会党的核心小组成员；1970 年 12 月至 1978 年 11 月任中共广东省委书记（当时设有第一书记），1977 年 12 月至 1978 年 11 月任广东省政协主席。

1978 年（72 岁） 3 月当选为政协第五届全国委员会副主席。

1979 年（73 岁） 2 月起任第五届全国人大常委会法制委员会副主任委员。中国计划生育协会第一届、第二届会长。

1982 年（76 岁） 1982 年 9 月至 1992 年 10 月任中共中央顾问委员会常委。1945 年起，当选为中共第七届中央候补委员，七届二中全会递补为中央委员，第八届、九届、十届、十一届中央委员。中共十二大、十三大当选为中央顾问委员会委员、常委。

1996 年（90 岁） 9 月 13 日在北京逝世。

参考文献

《毛泽东选集》，毛泽东著，人民出版社 1991 年版。

《王首道回忆录》，王首道著，解放军出版社 1988 年版。

《王首道文集》，《王首道文集》编辑委员会，中国大百科全书出版社 1995 年版。

《怀念集》，王首道著，湖南人民出版社 1983 年版。

《忆南征》，王首道著，人民出版社 1981 年版。

《王首道传》，陈利明著，中国文史出版社 2005 年版。

《西北"肃反"中的刘志丹》，温相著，载《同舟共进》2009 年第 2 期。

《我的八十五年：从西北到东北》，张秀山著，中共党史出版社 2007 年版。

《南梁史话》，高文著，甘肃人民出版社 1984 年版。

《初到陕北》，罗迈著，载《中共党史资料》第 14 辑，中共党史资料出版社 1985 年版。

《习仲勋与刘志丹的战斗情谊》，刘力贞、张光著，载《习仲勋革命生涯》，中共文史出版社 2002 年版。

《群众领袖　民族英雄——回忆刘志丹同志》，习仲勋著，《人民日报》1979 年 10 月 16 日。

《王恩茂日记》，王恩茂著，中央文献出版社 1995 年版。

《南下记》，周立波著，光华书店 1948 年版。

《王震的三次长征》，穆欣著，人民出版社 2008 年版。

《郭洪涛回忆录》，郭洪涛著，中共党史出版社 2004 年版。

《广东建设的先行者》，孙铁钟著，载《中国政协》2006 年第 5 期。

致谢

本书创作过程中，曾得到诸多长辈及亲朋好友的大力支持，乃馨特此鞠躬致谢：

马北返　于霰夫　王国宇　王春海　邓一中　史成续　任正明

任德旺　刘志秋　刘宝玉　刘秉荣　孙铁钟　吴石坚　宋祖科

张春月　李荣春　李盛世　李燕生　杨东霖　周明军　周　琨

姜维真　彭水朋　曾勇林　曾祥慰　谭　波

成书过程中，承蒙北京五福茶艺馆提供环境帮助，一并致谢。

图书在版编目(CIP)数据

道弈人生：我的爷爷王首道/王乃馨著. —上海
：东方出版中心，2011.5

ISBN 978-7-5473-0338-2

Ⅰ.①道… Ⅱ.①王… Ⅲ.①王首道(1906～1996)
-传记 Ⅳ.①K827=7

中国版本图书馆 CIP 数据核字(2011)第 073239 号

道弈人生——我的爷爷王首道

出版发行：东方出版中心
地　　址：上海市仙霞路 345 号
电　　话：62417400
邮政编码：200336
经　　销：全国新华书店
印　　刷：昆山亭林印刷有限责任公司
开　　本：890×1240 毫米　1/32
字　　数：169 千
印　　张：6.875
版　　次：2011 年 5 月第 1 版第 1 次印刷
ISBN 978-7-5473-0338-2
定　　价：26.00 元
